rororo

Zu diesem Buch

Einige Monate nach Kriegsende reist der große amerikanische Autor John Dos Passos (»Manhattan Transfer«) im Auftrag des US-Magazins *Life* durch eine Welt in Trümmern. Die Reportagen aus Deutschland im Herbst 1945 erlauben einen ganz besonderen Blick auf die Geschichte. Der Blick des Autors fällt auf das Elend der Besiegten, die sich aber keineswegs als Befreite fühlen, Dos Passos schildert das Chaos aus Trümmern, Kälte und Elend sowie die ersten zaghaften Neuanfänge.

John Dos Passos

Das Land des Fragebogens

1945: Reportagen aus dem besiegten Deutschland

Deutsch von
Michael Kleeberg

Rowohlt Taschenbuch Verlag

Die amerikanische Originalausgabe der vorliegenden Texte erschien 1946 unter dem Titel »In the Year of Our Defeat« als dritter Teil der Reportagensammlung »Tour of Duty« von John Dos Passos.

Veröffentlicht im
Rowohlt Taschenbuch Verlag GmbH,
Reinbek bei Hamburg, April 1999

Umschlaggestaltung Beate Becker
Gesamtherstellung Clausen & Bosse, Leck
Printed in Germany
ISBN 3 499 60600 3

Inhalt

1

Das Land des Fragebogens

Im Hauptquartier in Frankfurt

»Scheint, hier ist es ’n bißchen drunter und drüber gegangen«, flüstert der junge Flieger, der mir gegenübersitzt, in seinem sanft schleifenden Tonfall, während der Zug die Fahrt verlangsamt. Sein Barett zeigt an, daß er fünfzig Feindflüge hinter sich hat. Ich erwache, und rote Strahlen dringen durch meine schlafverklebten Augen. Ein Schwall von Morgenlicht sickert aus einer Reihe von Fensterhöhlen, füllt die Sprünge im zusammengestürzten Mauerwerk mit blutigem Licht, spielt auf den Kanten abgeknickter Stahlträger und Eisenmatten inmitten von Betontrümmern, die an Schilfrohre in einem Teich erinnern. Der Zug rollt im Schrittempo an den Trümmern irgendeiner Fabrik vorüber. Ein Stück weiter strahlt die Morgendämmerung durch eine wie besoffen schwankende Leuchtreklame: WAGGONBAU GESELLSCHAFT WEST.

»Die Deutschen haben uns vermutlich nicht ins Herz geschlossen«, sagt der Flieger mit einem ironischen Zungenschnalzen.

Wir recken alle den Hals, um einen Blick aus unserem verrußten Abteilfenster zu werfen, wo, soweit man in dem rötlichen Licht sehen kann, Zerstörung an uns vorbeizieht, nichts als Ruinen unter einem Himmel, an dem sich schmutzige Wolken ballen.

»Je mehr ich sehe, desto mehr hasse ich die Krauts, daß sie uns dazu gezwungen haben, das zu tun«, ruft ein Mann aus der gegenüberliegenden Ecke des Abteils.

Der Zug überquert langsam den Rhein, eine zerstörte Eisenbahnbrücke entlang, ein Zickzack-Gewirr massigen Stahls. Mitten im olivenfarbenen Wasser des Stroms ist eine Pfahlramme auf einem kleinen schwarzen Schleppkahn dabei, die Stützpfeiler einer neuen Brücke zu versenken. Wumm! Wumm! Wumm! Der metallische Lärm hat etwas Freudig-Geschäftiges zu dieser frühen Morgenstunde.

Der Zug gleitet durch dem Erdboden gleichgemachte Vorstädte, wo das Herbstlaub noch an den Bäumen hängt, bis er langsam in den Frankfurter Hauptbahnhof einfährt.

Frankfurt erinnert ebenso sehr an eine Stadt, wie ein Haufen Knochen und ein zertrümmerter Schädel auf einer Weide an einen preisgekrönten Hereford-Ochsen erinnern, aber weißlackierte Straßenbahnen, die mit Leuten vollgestopft sind, rollen über die freigeräumten Asphaltstraßen und klingeln warnend. Leute in städtischer Kleidung, mit städtischen Gesichtern und Aktentaschen unter dem Arm eilen geschäftig zwischen den hohen Schutthalden umher, verschwinden in zerschossenen Hauseingängen, unter schwankenden Mauern. Ihr Verhalten erinnert erschreckend an das von Ameisen, wenn man in einen Ameisenhaufen tritt.

Hier und da hat auf einem Stück geschwärzter Fassade eine Uhr überlebt. Die Uhren gehen alle. Und alle zeigen an, was die Stunde geschlagen hat.

Ein hochgewachsener, magerer ältlicher Frankfurter mit einem gestutzten Bankiersschnurrbart führt uns zu den verschiedenen Sehenswürdigkeiten. Das gesamte Ufer entlang stehen die ausgebombten Fassaden großer Backsteinhäuser. Wir sehen das alte Herrenhaus der Rothschilds und das Palais aus dem 18. Jahrhundert, wo Schopenhauer gelebt hat. Vor der ausgebrannten Hülle der Stadtbibliothek wachsen noch immer weiße Säulen empor, auf deren Kapitell eine lateinische Inschrift steht, die besagt, daß Wissen der Garant von Freiheit sei. Zwischen all den Ruinen gibt es Plätze voller Bäume, die ihr letztes gelbes Laub verlieren. Die eingestürzten Häuser geben den Blick auf Reihen herbstlicher Gärten frei. An jeder Kreuzung steht ein Verkehrspolizist in blauer Uniform und einem dicken Mantel. Die Verkehrspolizisten wirken von allen Bewohnern Frankfurts am glücklichsten. Sie haben es warm. Sie haben genügend zu essen. Ihre Uniformen sind sauber. Und sie können die übrigen Deutschen herumkommandieren.

Unser Stadtführer zeigt uns die Sehenswürdigkeiten, als stünden sie noch. »Dies hier«, sagt er und deutet auf die Reste eines mittelalterlichen Gebäudes, das wirkt wie ein Bild auf einer verbrannten Postkarte, die aus dem Ascheimer geweht ist, »ist der berühmte Römer, wo die Kaiser des Heiligen Römischen Reiches gekrönt wurden. Den Grundstein hat Karl der Große, König der Franken, selbst gelegt. Auf diesen Balkon«, dabei macht er eine vage

Bewegung in die Höhe, »sind sie herausgetreten, um sich dem Volk zu zeigen, und auf dem Platz wurden große Zelte aufgeschlagen, und aus den Brunnen floß Wein, auf dieser Seite Weißwein und auf der anderen roter, und ganze Ochsen wurden am Spieß gebraten, und das Volk stand in buntem Durcheinander nach dem Fleisch an.«

Als wir schließlich beim Zoo ankamen, waren unsere Füße von dem ewigen Gestolper über Trümmerhaufen wund, und in unseren Nasen hatte sich der Geruch von kalter Asche eingenistet.

Der Direktor erwartete uns am Portal. Er war ein gutgebauter jugendlicher Mann in einem zugeknöpften Regenmantel, und er trug einen ziemlich verwegenen Filzhut. Er hatte die Angewohnheit, beim Reden zu lächeln. Mit dem Englischen hatte er ein wenig Mühe, aber er half sich humorvoll darüber hinweg.

»Es ist eine sehr schwierige Zeit gewesen«, sagte er. »Ich habe mich immer für das wissenschaftliche Studium der Psychologie der Menschenaffen interessiert, Primaten, sagen Sie wohl. Die ausgewachsenen männlichen Tiere sind sehr wild, wie Sie vielleicht wissen, aber in den Bombennächten, die ganze schlimme Zeit durch, waren sie sehr still und haben sich aneinandergeschmiegt und geschluchzt. Der Gorilla ist dann gestorben, es war zu kalt. Alle wissenschaftliche Arbeit ist sehr schwierig gewesen.«

Wir folgten ihm die schlammigen Pfade entlang der Granatentrichter. »Und jetzt muß ich all das hier reparieren«, sagte er immer wieder, während er auf die zerstörten Gitter deutete und die dreckbespritzten kleinen Unterstände, die mit Teerpappe und Wellblech und rohen Balken vernagelt waren. »Das einzige unzerstörte Gebäude ist das, was im schlimmsten Zustand war und das ich abreißen wollte... Sehen Sie, meine Elefanten kommen aus einem Zirkus, der beim Rückzug in alle Winde zerstreut wurde. Meine Kamele kommen noch von anderswo her. Mein Hauptgebäude« – er deutete hinter uns auf eine Masse aus rosa Stuck mit großen Fenstern, die mit klassizistischen Säulenornamenten geschmückt waren, das Ganze zertrümmert hinter den Fassaden, wie eine Cremetorte, auf die man draufgetreten ist –, »mein Hauptgebäude hat eine Reparatur bitter nötig. Der Tiergarten hat sein Geld mit Restaurants und Unterhaltung gemacht. Und jetzt muß ich Zirkusnummern und Varietés und Tanzvergnügen für die amerikanischen Soldaten organisieren. Vor zwei Wochen hab ich ein Feuerwerk veranstaltet...« Er lachte. Er steuerte uns in ein stinkiges kleines Gebäude. »Hier«, sagte er stolz, »sind die letzten beiden Schimpansen. Das Männchen ist sehr agressiv. Das Weibchen ist fünf Jahre alt. Sie müßte eigentlich kräftiger sein, aber die Nahrung ist unzureichend.«

Im Käfig neben den trübseligen Primaten herrschte ein pelziges Durcheinander von Löwenbabies. Er betrachtete sie und lachte. »Sie sehen munter aus, nicht wahr? Ich hab sie in den letzten Tagen des Zusammenbruchs aus Leipzig befreit, obwohl es mir sehr schlecht ging, Blutvergiftung, weil einer der Menschenaffen mich in die Hand gebissen hat«, sagte er in einem Englisch mit deutscher Grammatik, die die Verben alle ans Satzende verlegte. »Von Leipzig bin ich in einem kleinen Auto mit Höchstgeschwindigkeit zurückgefahren, um sie vor den Russen zu retten. Die fünf Babies und einen Kasten mit den Alligatoren.«

Die amerikanische Militärregierung ist in dem massigen Gebäude hinter der Oper untergebracht, das früher die Metallgesellschaft beherbergte. Im Treppenhaus der Eingangshalle steht die Bronzestatue der Justitia, über die Longfellow mal ein Gedicht geschrieben hat. Jeden Morgen treffen die jungen Verwaltungsoffiziere an einem Tisch von der Form eines Doughnuts in einem großen, hellen Konferenzsaal im Obergeschoß zusammen. Jeder der Offiziere verliest einen Rapport über die Fortschritte in dem Bereich der Stadtregierung, für den er verantwortlich ist. Die Rapporte sind in bündigem Militärstil gehalten. Die Offiziere versuchen, sie möglichst zackig zu lesen, aber in ihrer Stimme ist irgend etwas Tristes, als wären sie nicht mit ganzem Herzen bei der Sache. Was man aus den Rapporten lernen kann, ist, was es für ein Volk heißt, im Jahre 1945 der christlichen Ära in einem Krieg besiegt worden zu sein.

Der heutige Morgen aber beginnt mit einem hoffnungsvollen Auftakt. Der Offizier, der sich um die Unterbringung zu kümmern hat, liest ab, daß 22 000 Unterkünfte, hauptsächlich Wohnungen, instandgesetzt und winterfest gemacht worden seien. Allerdings wachse Frankfurts Bevölkerung, in erster Linie durch Flüchtlinge aus dem Osten, jede Woche um 2000 Personen an... Der Polizeibericht teilt mit, daß keinerlei Delikte gegen Militärpersonal zu verzeichnen seien. Eine Razzia in einer belebten Straße habe lediglich fünf Verhaftungen wegen Schwarzmarkt-Aktivitäten erbracht. Der Kameramann konnte immerhin einige Action-Szenen in den Kasten bekommen. Eine große Anzahl von Leuten sitze ein, weil sie nicht zur Zwangsarbeit erschienen sind... Infolge der

Stürme der vergangenen Tage einstürzende Häusermauern haben eine Frau getötet und zwei weitere verletzt... Die städtischen Sprengkommandos haben schwere Verluste erlitten, als eine Bombe, die sie gerade entschärfen wollten, hochging – mit schlimmen Konsequenzen für das deutsche Personal... Nahrungsmittel: Es seien Vorkehrungen getroffen worden, um eine beschränkte Ausgabe von Weizenmehl für Weihnachten zu erlauben. Damit respektierten wir eine lokale Sitte. Fischlieferungen aus Bremen setzten ein. Dennoch verfüge die Amerikanische Zone derzeit lediglich über genügend Lebensmittelreserven, um eine tägliche Pro-Kopf-Ration von 1100 Kalorien zu gewährleisten. Und vielerorts nicht einmal das. Leute aus der Schwerarbeiter-Kategorie erhielten ein wenig mehr, aber in Frankfurt fielen lediglich 2,1 Prozent der Bevölkerung unter diese Kategorie... Ein Grund zum Optimismus liege in der Tatsache, daß die Aktienkurse – mit Ausnahme der I.G. Farben – seit der Erlaubnis zur Wiedereröffnung der Börse stetig gestiegen seien... Die Volksgesundheit befinde sich in überraschend gutem Zustand. Von den 4000 Krankenhausbetten der Stadt, stünden 735 leer... Es habe Stromsperren gegeben. Elektrische Heizgeräte waren aus diversen Wohnungen entfernt worden. Der Bevölkerung Frankfurts sei erlaubt, für je fünf Personen eine Kochplatte drei mal täglich je eine Stunde zu erhitzen. In Häusern mit Gasanschluß sehe die Situation etwas besser aus... Der Kohlenachschub sei noch immer kritisch, aber mittlerweile sei der erste, von der Ruhr kommende Frachtkahn eingetroffen. Die städtischen Reserven betrügen 800 Tonnen Briketts, 400 Tonnen Koks und 240 Tonnen Kohle... Die Straßenbahnen würden von Woche zu Woche mehr Personen befördern. 63 Prozent des Netzes seien wieder instandgesetzt... 203 Ärzte haben eine Lizenz erhalten, um ihren Beruf ausüben zu können... 80 Anwälte verteidigten Klienten vor den Militärgerichten... Nach einem Verhör vor der Kommission für Kriegsverbrechen habe ein Häftling sich mithilfe seiner Schnürsenkel in seiner Zelle erhängt.

Wenn man von der imposanten Ruine des Hauptbahnhofs kommend eine der breiten, zerbombten Einkaufsstraßen hinabfährt, gelangt man an eine mit Stacheldraht gesicherte Barrikade. Alle Autos müssen dort anhalten. Am Tor stehen zackige, junge amerikanische Wachposten mit rosa Gesichtern, weißen Schals und Handschuhen. Auf der anderen Seite der Barrikade fällt der erstaunte Blick auf intakte Gebäude, die sogar Fenster haben. Hinter riesigen Parkplätzen für die Armeefahrzeuge erstrecken sich grüne, baumbestandene Rasenflächen. Im Hintergrund ist die elegante Silhouette des I.G. Farben-Verwaltungsgebäudes zu sehen, in dem das Hauptquartier der amerikanischen Armee in Europa untergebracht ist. Zu beiden Seiten stehen Reihen moderner Wohnhäuser, in denen die Offiziere logieren. Dies ist der dem Eroberer vorbehaltene Teil der Stadt, den keiner der Eroberten betreten darf, es sei denn, er besäße einen Sonderausweis.

Heute nimmt einer der Offiziere mich mit zu sich nach Hause zum Mittagessen. Der Wagen setzt uns vor der Schwelle eines unbeschädigten modernen Wohnhauses ab, am Rand des Geländes. Hinter dem Stacheldraht am Ende der Straße beginnt die Ruinenwelt wieder. Wir durchqueren eine Bibliothek und setzen uns in einen großen, sonnigen Salon mit chinesischen Teppichen. Es ist hübsch hier, sauber und warm. Alle Dekorationsgegenstände sind sorgfältig abgestaubt. Der Stacheldraht draußen schließt das Gelände vor der agonisierenden Stadt ab. Die Doppelfenster schließen den Wintertag aus dem Salon aus. Von draußen ist kein Ton zu hören, während wir in unseren Brokatsesseln sitzen. Man hat nicht einmal das Gefühl, in Deutschland zu sein. Irgend etwas an den Louis Seize-Sesseln erinnert mich an den Salon eines Hauses in Grosse Point bei Detroit, wo ich von Zeit zu Zeit zu Gast war. Es könnte sich hier um das Heim eines jeden handeln, der 25 000 Dollar im Jahr verdient, egal wo.

»Das hier ist wirklich eine Generalswohnung«, erklärt mein Freund. »Ich war hier mit einigen anderen Offizieren untergebracht, aber sie sind alle nach Hause, und mich scheint die Quartiermeisterei hier vergessen zu haben.«

Eine ältliche Deutsche mit krausem Blondhaar in Dienstmädchenhaube und -schürze sagt das Mittagessen an. Wir sitzen an zwei gegenüberliegenden Enden eines Quadratkilometers weißer Tischdecke und essen mit poliertem Silberbesteck Wild, das wir mit einem erstklassigen Burgunder runterspülen.

»Es ist schon komisch«, sagt mein Freund, »aber ich hab nicht den geringsten Appetit.« Hier hocke er nun, erklärte er kopfschüttelnd, ganz alleine und mit einer Herde Dienstboten. Selbst wenn er aufhörte, sie zu entlohnen, gingen sie nicht. Er nahm an, daß sie trotzdem kommen würden, weil es warm war und das Essen so gut duftete. Er hatte einen der besten Köche Frankfurts, und ihm fehlte jeglicher Appetit. Mein Freund stammte aus der Gegend der Großen Seen, bei uns zu Hause. Er hatte im Versicherungsgeschäft gearbeitet, aber die Nationalgarde hatte ihn immer interessiert. Obwohl er die Altersgrenze überschritten hatte, gab er seine Arbeit auf und verließ Frau und Kinder, weil er glaubte, der Armee in der Militärregierung nützlich sein zu können. Zuhause hatte er einige Erfahrung in städtischen Angelegenheiten gesammelt. Er hatte Charlottesville und Leavenworth besucht und sich zu Tode gearbeitet. Und dann hatte man ihn bis einen Monat nach der Invasion in England schmoren lassen, bis er schließlich nach Frankreich übersetzte und sich um eine Einheit kümmern durfte, die die Straßen von toten Pferden freiräumte. Das habe ihm nichts ausgemacht, erklärte er. Er hätte alles getan, um wenigstens bis in Hörweite des Feuers zu kommen, aber die Aufgabe in der er wirklich nützlich zu sein glaubte, wäre eben Städtische Finanzverwaltung gewesen.

»Nun ja, jetzt arbeite ich in der Militärregierung«, sagte er, als wir beim Nachtisch waren, »aber ich habe keinerlei Machtbefugnisse. An einem Ort wie diesem, mit einem Hauptquartier, das vor lauter Lametta und Etappenhengsten aus den Nähten platzt, ist mein Rang einfach nicht hoch genug, um irgend etwas auf die Beine stellen zu können... Irgendwann hat man die Nase voll, von denen da oben rumgestoßen zu werden... Ja, und da sitze ich jetzt.« Er schob die Apfeltorte, die er nicht angerührt hatte, von sich und stand auf. »Genauso wie alle andern... warte drauf, nach Hause zu kommen... und hänge hier eben so rum.«

Am Ende eines naßkalten Nachmittags zurück in die Stadt zu fahren, hatte etwas von einem Besuch in einem von Dantes eisigen Höllenkreisen gehabt. Wir waren in dem gefrierenden Nebel an Kolonnen von Männern und Frauen vorübergefahren, die von ihren Rucksäcken oder Reisigbündeln über den Schultern niedergedrückt wurden, die Kinderwagen und Leiterwagen voll Holz hinter sich herzogen oder vollbepackte Fahrräder schoben. Wir fuhren in unserem Jeep hupend und mit aufgeblendeten Scheinwerfern hindurch, damit sie uns Platz machten. »Verdammte Krauts«, fluchte der Fahrer immer wieder. »Die wollen sich absichtlich überfahren lassen... Ich könnte sie genausogut überfahren, statt ihnen auszuweichen.«

Wir fuhren an einigen Lastwagen vorüber, in denen dicht gedrängt bleichgesichtige junge Männer in Grau hockten. »Die Kriegsgefangenen werden immerhin gefahren«, sagte der Leutnant. »Wenn ich eines gelernt habe in diesem Krieg, dann, daß alles besser ist als ein Zivilist zu sein.«

Schließlich hatten wir unseren Weg durch die vollen, nebligen und unbeleuchteten Straßen zurück zum Hotel der Korrespondenten gefunden und hievten unsere steifen Glieder aus dem offenen Jeep. Da die Bar noch nicht wieder geöffnet war, gingen der Leutnant und ich hinauf aufs Zimmer, um über dem Heizkörper aufzutauen. Wir standen einen Moment lang am Fenster, zogen uns die durchweichten Handschuhe von den gefrorenen Fingern und blickten den Lichtkegel unseres Zimmers entlang, der auf ein Loch in der Mauer des Hotels gegenüber fiel, hinter dem ein Gewirr geborstener Rohre hing, und ein

Treppenabsatz mit einem roten blumengemusterten Läufer darauf, hörte auf halber Strecke einfach im Nichts auf. Wir wandten uns wieder in unser warmes, hell erleuchtetes und perfekt genormtes Hotelzimmer zurück und bemerkten, daß wir beide einen Augenblick lang verwundert gewesen waren, uns auf dieser Seite zu finden, bei den Eroberern, die es gemütlich hatten, anstatt dort draußen bei den toten Jerries.

Der Leutnant arbeitete beim Nachrichtendienst. Er war ein junger Mann aus Brooklyn mit einem gedankenschweren, rotwangigen Gesicht und vollen Lippen.

Mit einem Mal setzte er sich auf die Bettkante und begann zu reden. »Meine Familie ist jüdisch«, sagte er, »also glauben Sie nicht, daß ich irgend etwas für die Krauts übrig habe. Ich bin dafür, daß wir die Kriegsverbrecher erschießen, wo immer wir beweisen können, daß sie schuldig sind und daß wir's hinter uns bringen. Aber um Himmels Willen, sagen Sie mir, was versuchen wir, hier zu machen?«

Er stand auf und fing an, hin und her zu gehen. »Naja, man sagt uns, es ist wie bei der Feuerwehr... Die Feuerwehr ist gezwungen, einen gewissen Schaden anzurichten, vielleicht sogar ein Haus zu sprengen, um einen Brand zu löschen. Meinetwegen, aber haben Sie schon einmal gesehen, daß die Feuerwehr in der ganzen Stadt neue Brände legt, bloß weil ein Block in Flammen steht? Haben Sie das? Und Haß ist wie ein Feuer. Man muß ihn löschen. Ich habe deutsche Offiziere für die Kriegsverbrecher-Kommission verhört, und wenn ich sie da halbverhungert in den Zellen, die wir für unsere Kriegsgefangenen haben, sitzen sah, behandelt, wie man keinen Hund behandeln würde, dann stelle ich mir so meine Fragen. Manchmal muß ich sie überhaupt erst durchfüttern und ins Krankenhaus schicken, bevor ich irgend etwas aus ihnen rauskriegen kann, was Hand und Fuß hat. Brutalität ist ansteckender als Typhus und verdammt viel schwieriger auszukurieren...Und mitten in unserem Hauptquartier in Frankfurt sehen wir Zuständen ins Gesicht, die uns zu Hause den kalten Schweiß hätten ausbrechen lassen... Ich mache übrigens nicht die normalen Soldaten dafür verantwortlich. Normale Soldaten sind verdammt feine Kerle, und ich hab sie mit der Zeit ehrlich bewundern gelernt, das Problem ist nur, daß sie keine Ahnung haben, da wo es politisch wird. Man hat sie dazu ausgebildet, den Direktiven aus Washington zu gehorchen. Und das tun sie, und zwar Wort für Wort... Was ich ihnen vorwerfe, das ist, daß sie nicht den Mut haben, ihren eigenen besseren Instinkten zu gehorchen. Auf diese Weise ist auch General Patton in Schwierigkeiten geraten... Patton ist einer von denen, die ihr Maul ziemlich weit aufreißen, und er ist weiß Gott kein feinfühliger Typ, aber sein Gespür hat ihn nicht getrogen. Und ihn über Bord gehen zu lassen, war feige. All diese Direktiven von der Art »Geht bloß nicht zu freundlich mit den Deutschen um« , haben die Schleusen all der kriminellen Instinkte geöffnet, die wir in uns haben. Daß die Deutschen Untaten begangen haben, kann doch für uns kein Grund sein, sie auch zu begehen. Mir ist schon klar, daß der Krieg kein Ringelpietz ist, aber wir sind nicht mehr im Krieg. Es ist Frieden, jetzt. Ach, zum Teufel, machen wir, daß wir runter kommen und uns einen Drink genehmigen, bevor ich überkoche und wirklich zu reden anfange.«

Entnazifizierung

Es war ein verregneter deutscher Morgen. Wir waren durch Fichtenwälder gefahren, wo die gleichhohen Bäume in regelmäßigen Abständen standen und durch Wiesenstreifen unterbrochen waren. Die Straßenränder entlang reihten sich die unvermeidlichen Kolonnen dick eingemummelter und unter ihren Rucksäcken gebeugter Männer und Frauen. Jeder trug sein unvermeidliches Reisigbündel über den Schultern. Viele von ihnen zogen oder schoben die unvermeidlichen Wägelchen mit Holzscheiten.

»Ihre Wälder müßten diesen Winter eigentlich ihre Rettung bedeuten«, sagte ich zu dem Offizier der Militärregierung, der den Jeep steuerte. »Wenn sie keine Kohle bekommen können, dann haben sie wenigstens Holz.«

»Problematisch, das Zeug in die Städte zu schaffen... Gesetz Nummer acht.«

»Und was ist das?«

»Entnazifizierung... Das Problem ist, daß sich alle Förster als Nazis erweisen... Forstwirtschaft ist in Deutschland eine Lieblingsbeschäftigung der »Von's« gewesen, und die sind allesamt große Nazis. Ein Haufen von denen ist obligatorisch verhaftet worden. Und jetzt haben wir die größten Schwierigkeiten, irgend jemand anderen zu finden, der das Holz hier hauen und transportieren kann.«

Nach einer Reihe zerstörter Dörfer am Ufer eines Flusses, bog die Straße wieder in den Wald hinein und mündete plötzlich vor einer hohen steinernen Mauer, hinter der hohe Giebelfassaden emporwuchsen. An den Ecken standen Rundtürme mit konischen Dächern. Wir fuhren durch ein altes Stadttor in die Dorfstraße hinein, die von Fachwerkhäusern gesäumt war, die alle unversehrt und pittoresk dastanden wie eine Kulisse aus Grimms Märchen. Die Häuser besaßen kleine Vorgärten, in denen dicke Chrysanthemen wucherten. Hinter den Häusern wuchsen grüne und rote Kohlköpfe in Reih und Glied. Die Zäune entlang blühten trotz des winterlichen Wetters noch einige Rosen und Dahlien. Auf einem rosa getünchten Haus mit Stuckornamenten war ein Schild mit der Aufschrift: MILITÄRREGIERUNG.

Das Büro wurde von einem weißen Kachelofen geheizt. Der hochgewachsene Captain stand von seinem Schreibtisch in der Mitte des Raums auf und bot uns Stühle an. Wir setzten uns nahe zum Ofen, um in der behaglichen Wärme ein wenig aufzutauen. Unsere Hände, Knie und Ellbogen waren von der langen Fahrt im offenen Jeep taub. Währenddessen baten wir den Captain um einige persönliche Auskünfte. Er kam aus dem kalifornischen Viehzuchtgebiet. Siebzehn Jahre lang war er Sergeant in der Armee der Friedenszeit gewesen, sein Offizierspatent hatte er sich in Frankreich verdient.

»Meine Herren«, sagte er, »es freut mich, ein paar Journalisten zu treffen. Wir sind stolz auf das, was wir hier geleistet haben. Wir sind zu 90 Prozent entnazifiziert.«

»92 Prozent«, sagte der hohlwangige Sergeant von seinem Schreibtisch in der Zimmerecke aus.

»Heißt das, daß kein einziger Nazi mehr irgend etwas anderes tut, als Gräben auszuheben oder sonstige Schwerstarbeit?«

»Genau das heißt es.«

»Und wie machen Sie das?«

»Es ist der Fragebogen.« Er benutzte das deutsche Wort. »Vom Fragebogen haben Sie noch nie etwas gehört. Der Fragebogen ist das Genialste, was es in Deutschland gibt.«

Der Sergeant kam hinter seinem Schreibtisch vor und händigte uns einen Fragebogen von der Art aus, wie ihn die Einwanderungsbehörde der Vereinigten Staaten entwickelt hat.

»Wenn sie diese Prüfung bestehen, können sie jeden Job haben, den sie wollen. Und wenn nicht, dann dürfen sie keine Tätigkeit ausüben, in der sie Leute anstellen könnten und auch in keinem höherstehenden Beruf arbeiten, der eine besondere Ausbildung verlangt. Sie dürfen nichts anderes tun als graben und Steine schleppen... Und falls sie Lügen erzählen in ihrem Fragebogen, bringen wir sie vor Gericht, wo ihnen die Hölle heiß gemacht wird. Jeder Mann und jede Frau in einer irgendwie höhergestellten Position muß so einen Fragebogen ausfüllen. Wenn rauskommt, daß sie Nazigrößen waren, werden sie automatisch verhaftet. Kleine Nazis werden zur Arbeitsbrigade geschickt. Früher oder später kriegt jeder so ein Ding vorgelegt« – er sagte wörtlich: »wird jeder gefragebogent« –, »damit wir wissen, wer genau wohin gehört.«

»Wie läuft es bei Ärzten?«

»Wenn sie nicht anderswo unterkommen können, haben wir die Möglichkeit, ihnen eine zeitweilige Arbeitsgenehmigung zu geben. Stellen Sie sich vor, jemand ist Klempner. Der muß sich um seine eigenen Rohre kümmern. Er kann sich keinen Gehilfen leisten. Tja, schauen wir doch mal, was wir hier haben und Ihnen zeigen können: Das sind hauptsächlich bäuerliche Gemeinden hier... In ihrer Freizeit sind die Leute hier alle Näher oder Weber, sie machen sich ihre Kleidung selbst daheim... Dann haben wir eine Werft und eine Kelterei... Es gibt auch Pläne für eine neue Brücke. Zur Zeit müssen sie die Fähre benutzen... Es gibt einen Pfadfinder-Verein... Ach ja, und was ich fast vergessen hätte«, setzte er rasch hinzu, »in einem von unseren Dörfchen haben wir, glaube ich, den einzigen weiblichen Bürgermeister Deutschlands.«

Der Captain brachte uns zurück in seine Wohnräume und bot uns deutsche Zigarren an. Dann stellte er uns einem Leutnant mit pomadigem Haar vor, der sein Adjutant war. Wir setzten uns vor's Fenster in tiefe schokoladenbraune Ledersessel. Der Raum war gelbgetüncht und sehr hoch. An den Wänden hingen Photos irgendeiner deutschen Familie, rucksackbewehrte, gesund aussehende junge Burschen und Mädchen beim Aufbruch zu einer Wanderung, blonde Männer mit Gewehren über einer Strecke getöteten Wilds, alte schnurrbärtige Männer in der Uniform von Offizieren der kaiserlichen Armee. Darüber hingen massenhaft Rehgehörne und einige ausgestopfte Hirschköpfe mit mächtigen Geweihen. Vom Balkon aus konnte man in ein lindgrünes, von Bergen gerahmtes Tal blicken, in dem Tannen und Fichten in geraden Reihen bis hinunter zum Ufer eines dunkelgrünen Flusses wuchsen. Der Captain schenkte dünnen deutschen Wein in hohe Kristallgläser, auf denen das Monogramm eines vormaligen deutschen Besitzers eingraviert war.

»Ich hab ein Dorf wie dieses hier beschossen, 24 Stunden, bevor ich zur Militärregierung abkommandiert wurde. Sie haben uns zwei Stunden lang geschult, und bevor ich noch wußte, was mir geschah, war ich verantwortlich für ein Gebiet, das so groß ist wie Springfield, Illinois«, erklärte der Leutnant und setzte dann lachend hinzu: »Ich frage mich immer wieder, ob ich eigentlich die nötige Qualifikation habe.«

»Wir leben wie die Maden im Speck«, unterbrach ihn der Captain, »schaun Sie sich um, wie wir untergebracht sind... Da ist übrigens was Witziges passiert. Eines Morgens kommt der Kraut, dem dieses Haus gehört, aus seinem Gefangenenlager zurück. Ich hör, wie jemand vor der Haustür leise pfeift und wache davon auf. Ich geh raus, und da steht mir so ein schlaksiger Typ gegenüber. Hatte wohl gedacht, seine Frau macht ihm die Tür auf. Er wußte nicht, daß seine Familie nicht mehr hier lebte. Sie hätten das Gesicht seh'n sollen, das er gemacht hat.«

Nach dem Mittagessen setzten wir auf der Fähre über und fuhren ein breites gewundenes Tal hinauf, bis wir zu einer Ansammlung verstreuter Häuser gelangten, die zwischen Fichten auf einer Anhöhe standen. Dies war das Dorf mit dem weiblichen Bürgermeister. Ziegelgedeckte Dächer, massige Fachwerkbalken und riesige Misthaufen in den Höfen. Ein paar Schafe. Und einige Gruppen zischender Gänse. Die Bürgermeisterin war nicht in ihrem Amtsraum. Wir fanden sie bei der Hausarbeit in einem großen schlichten Zimmer, dessen eine Wand fast völlig von einem senffarbenen Kachelofen eingenommen wurde. Vor den Fenstern hingen weiße Vorhänge mit Volants, auf den Fensterbänken standen rote Geranien, und an der Wand hing eine große, gerahmte und verblaßte Photographie eines autoritär blickenden Mannes mit einem Kaiser-

Wilhelm-Schnauzer, der wohl ihr Vater gewesen sein mußte.

Ihr Name war Fräulein Wolff. Eine junge Frau mit frischen Zügen, die eine Brille trug. Als Unverheiratete war sie unter dem alten Bürgermeister für die Rationierungen zuständig gewesen. Nazi war sie nie gewesen. Nein, mit der Politik hatte sie nie etwas am Hut gehabt. Ihre Augen hinter den Gläsern waren flink und voller Selbstbeherrschung. Ihr Kleid und ihre Schürze waren sehr sauber. Sie sah aus, wie jemand, der gerade mit Kernseife abgeschrubbt worden ist, der ganze Raum sah so aus. Es war das Haus ihres Vaters, hier. Sie hatte immer hier gewohnt.

Wir fragten sie, was das Dorf produziere.

»Milch«, antwortete sie lächelnd. Und daraufhin erklärte sie, daß kaum etwas davon je bis zum Markt komme, weil die Bauern die Milch selbst tranken.

Warum?

Weil sie kein Bier brauen durften. Also tranken sie Milch. Der Kaiser hatte es bereits versucht. Die Weimarer Republik hatte es versucht, und jetzt versuchten es die Amerikaner. Es war zwecklos, Bier zu verbieten. Wenn der deutsche Bauer kein Bier bekommen konnte, dann trank er eben einfach seine Milch. Sie blickte uns mit einem verächtlichen Lächeln an.

Wir fragten sie, ob sie wisse, daß sie die erste Frau ihres Landes war, die den Posten eines Bürgermeisters einnahm. Sie wirkte wenig beeindruckt. »Irgendeine muß ja die erste sein«, sagte sie nur.

Da stand sie, mit dem Staubtuch in der Hand und sah uns durch ihre Brillengläser eindringlich an, ob noch andere Fragen kämen. Aber niemandem schienen mehr welche einzufallen, da machte sie eine ungeduldige kleine Bewegung mit dem Staubtuch. Es war deutlich, daß sie wieder zu ihrer Hausarbeit zurück wollte. Wir verabschiedeten uns, und sie schenkte uns noch einmal ihr zweifelndes Lächeln.

Entspannung

Wir fuhren unter einem böigen, grauen Himmel auf dem kurvigen Doppelband der Autobahn nordwärts. Wieder diese Bilderbuchlandschaft: sanfte Hügel mit ordentlich gepflanzten Buchen- und Fichtenwäldern, Burgruinen aus sehr viel früheren Kriegen als diesem hier – Dörfer mit Fachwerkhäusern, und hier und da eine scharfe, dünne Kirchturmspitze wie ein Ausrufezeichen. Kaum etwas, das an den neuen, soeben beendeten Krieg erinnerte. Nur von Zeit zu Zeit eine ehemalige Maschinengewehrstellung, ein verlassener Panzer am Waldrand, oder eine formlose Masse geborstenen Metalls am Fuß eines Bahndamms, die vielleicht einmal ein Schützenpanzer oder ein Jagdflugzeug gewesen war. Nach all der Zerstörung tut es gut, eine Reihe von Dörfern zu sehen, die unversehrt sind.

Wir haben die Autobahn verlassen und folgen den Mäandern einer kopfsteingepflasterten Landstraße durch mittelalterliche Dörfchen, die direkt aus den Bildhintergründen Breughelscher Gemälde zu stammen scheinen. Als wir von der Fahrt im offenen Jeep durch die rauhen Herbststürme schon ordentlich durchgefroren sind, tauchen vor uns die schlanken Kirchtürme, Zinnen und die dicht aufeinanderstehenden Häuser einer größeren Stadt auf. Wir fahren durch enge gewundene Pflasterstraßen bergauf und kommen auf einem offenen Paradeplatz heraus, der im Schatten einer braunen Stadtmauer liegt. Von dort biegen wir in den Innenhof einer deutschen Kaserne, deren roter Backstein eher an eine Ziegelei erinnert. Graupelregen schlägt uns ins Gesicht, als wir unsere steifen Glieder aus dem Jeep stemmen. Drinnen im Gebäude ist es warm. Es gibt dort einen Klubraum mit zu viel und zu schwerem Mobiliar und dahinter einen Speisesaal. Das ist die Offiziersmesse des vormals hier stationierten deutschen Regiments. An den Wänden hängen noch immer einige große silberne Präsentierteller mit dem Wappen und den Insignien des Regiments. Auf den Tischen weiße Decken. Der Major sitzt am Kopfende des zentralen Tisches und trinkt Cognac und Wasser. Ein paar weitere Offiziere sitzen ebenfalls mit aufgeknöpften Uniformjakken herum und rauchen und trinken. Es ist Samstag nachmittag.

Der Major verlangt lautstark nach Mama, und eine russische Frau mit tiefliegenden Augen erscheint aus der Küche.

»Bring ihnen ein Mittagessen, Mama«, brüllt der Major. »Sie ist unsere Haushälterin«, erklärt er. »Sie kommt aus einer Familie von Weißrussen, aber die Krauts haben sie trotzdem ins Konzentrationslager gesteckt.«

Zwei junge Mädchen, die nicht aufhören können zu kichern, eine Deutsche, die ihr blondes Haar in einer hochgelegten Welle trägt und eine Französin, treten ein, um den Tisch für uns zu decken. Das französische Mädchen hat Löckchen, die ihr in die Stirn fallen. Sie ist sehr jung. Sie hüpft umher wie ein französisches Dienstmädchen in einer Komödie. Sie ist sehr hübsch, hat aber eine heisere Stimme. Die Russin mit den tiefliegenden Augen erklärt, das komme daher, weil die Deutschen sie in einer Schwefelfabrik arbeiten ließen. Die Dämpfe haben ihre Stimme zerstört.

Nachdem uns die Mädchen unsere Teller serviert haben, lassen sie sich an einem anderen Tisch auf die Stühle zwischen den Offizieren fallen. Einer von ihnen versucht, das kleine französische Mädchen um die Taille zu fassen, und sie boxt ihm mit beiden Fäusten gegen den Bizeps. Die beiden balgen sich lachend.

Jedesmal wenn die Russin den Raum betritt, folgt ihr ein zartes Kind mit goldenem Haar.

»Das ist Mimi«, erklärt der Major, während er sich einen weiteren Drink einschenkt. »Mama hat sie in einem Konzentrationslager gefunden. Ihre Eltern waren verschwunden, also hat sie sie adoptiert. Und dann hat sie uns adoptiert.«

Das kleine Mädchen bemerkt, daß wir über es reden. Es kommt unsicheren Schrittes zu uns herüber, in den Händen eine bemalte blecherne Bonboniere. Dann öffnet es sie, um uns den Inhalt zu zeigen. Lauter Zigarettenkippen. »Sie sammelt sie auf..., das hat sie im Konzentrationslager gelernt,« erklärt Mama mit einem mütterlichen Lächeln. »Es ist ihr größter Schatz.«

Draußen herrscht Hundewetter. Der Hagel schlägt gegen die Fensterscheiben. Wir sitzen den ganzen Nachmittag lang am Tisch des Speisesaals, trinken Cognac und Wasser und reden. Die Mädchen kichern und flirten, setzen sich hin, springen wieder auf und flattern von Mann zu Mann. Ab und zu kommt jemand von draußen herein, schüttelt die Nässe aus seiner Kleidung, und bringt einen eisigen Luftzug mit sich.

Unter den Anwesenden ist ein junger Leutnant, der die örtliche Militärpolizeitruppe leitet. Ein kräftiger junger Pole aus Pennsylvania, der aussieht, als hätte er irgendwann mal im Ring gestanden. Der Captain, der für eine der umliegenden Kleinstädte verantwortlich ist, nimmt ihn beiseite, um ihn zu fragen, ob er nicht irgend etwas tun könne, um den Lastwagenfahrer aufzutreiben, der in seinem Amtsgebiet einen jungen Deutschen überfahren hat. Der Captain ist ein sommersprossiger junger Mann mit hübschen Zähnen und der enthusiastischen Art eines Handelsvertreters.

»Ich weiß, daß dieser Junge ein vorsichtiger Fahrer war. Ein hundertprozentiger Anti-Nazi und ein verdammt anständiger Kerl. Wir haben ihm mühsam alles beigebracht, was er wissen mußte, um eine wichtige Aufgabe zu erfüllen, und dann putzen sie ihn uns so einfach weg. Sie wissen ja selbst, wie schwer es ist, einen Kraut aufzutreiben, auf den man sich wirklich verlassen kann.«

Der Leutnant von der Militärpolizei verspricht, sein möglichstes zu tun. Fügt jedoch hinzu: »Aber was wollen Sie denn tun, wenn die Krauts nicht von der Straße gehen.«

Mittlerweile sind zwei Franzosen von der UN-Flüchtlingshilfe eingetreten. Einer von den beiden spricht korrekt englisch. Der Leutnant der Militärpolizei sitzt ihm sofort im Nacken.

»Ihre DPs haben schon wieder zugeschlagen«, sagt er mit seinem schläfrigen Lächeln. »Gestern Nacht haben sie einen jungen Kraut in einer Gasse umgebracht und ausgeraubt... Mein lieber Mann, das muß aufhören.«

Der Franzose zuckt gestikulierend die Achseln. Wie sollten sie, die nur zu zweit sind, ein Auge auf zweitausend *displaced persons* haben?

Der dritte Mann von der Flüchtlingshilfe ist Amerikaner, ein ungemütlich wirkender, bleicher Typ mit scharfgeschnittenen Zügen. Er kommt aus Chicago. Hat den Armeedienst quittiert und ist in Deutschland zur Flüchtlingshilfe gegangen. Heute morgen hat er gekündigt. Nun will er nach Hause und bei der Gelegenheit den Herren in Washington ein paar Wahrheiten unter die Nase reiben. Er hat es bis hier oben.

»Das Problem bei der ganzen Geschichte«, meint ein Leutnant aus Utah, ein höflich-ruhiger Flachskopf, »ist, daß wir nicht genügend auf diesen Job vorbereitet worden sind.«

»Was mir Spaß machen würde, wäre mich um unser gesamtes Post- und Fernmeldewesen zu kümmern«, erklärt der sommersprossige Captain und rückt seinen Stuhl neben den des Majors. »Ja, das würde mir gefallen. Unten in unserem Kreis sind 78 % der Telefonanschlüsse wieder instandgesetzt. Post und Fernmeldewesen, das würde mir gefallen, und ›Politischer Wiederaufbau‹...«

»Zu Hause war der Captain mächtig an Politik interessiert«, unterbricht ihn der Leutnant, mit dem er hereingekommen ist, um ihn aufzuziehen. »Er hat im Westen von Kansas die jungen Republikaner zugeritten.«

Der Captain tut so, als wolle er mit der flachen Hand nach ihm schlagen und zeigt dabei alle Zähne in seinem breitesten Grinsen. »Hör auf damit..., das ist verjährt. Ich bin jedenfalls dabei, die politischen Parteien in unserem Kreis wieder aufzubauen. Wir haben die Sozialdemokraten organisiert, und jetzt hab ich die Kommunisten zugelassen. Wenn sie all das tun, was sie vorgeben tun zu wollen, dann wird es echte Demokratie. All ihre Vertreter sollen auf einer Parteiversammlung gewählt werden... Nichts mit Zellen, die Befehle von oben entgegennehmen, oder etwas in der Art... So wie die Jungs reden, wollen sie wirklich eine Demokratie wie zu Hause bei uns. Ich hab ihnen grünes Licht gegeben.«

»Wir werden sehn, was dabei herauskommt«, meint der Major zweifelnd.

»Wir bräuchten mehr Ausbildung«, insistiert der flachsköpfige Leutnant. »Zu Hause arbeite ich für eine Eisenbahngesellschaft. Von der Eisenbahn verstehe ich etwas. Ich verstehe auch was von der Infanterie. Aber für diesen Job hier fehlt mir einfach die Ausbildung... Ich hab lediglich eine High School-Erziehung...«

»Ich bin in Charlottesville mehr als genug in die Schule gegangen«, unterbricht ein älterer, bebrillter Mann, der zu Hause als Schulrat gearbeitet hat, »aber in den meisten Fällen hab ich die Bücher in den Ofen stecken können.«

»Was du bei dieser Geschichte brauchst, ist Glück und Gottvertrauen,« spricht ein Dritter dazwischen.

»Es ist ohnehin erstaunlich, daß unsere Arbeit so gut ist, wie sie ist, angesichts der einander widersprechenden Direktiven, die wir kriegen, und der Rapporte... meine Leute haben mir im letzten Monat 87 verschiedene Rapporte auf den Tisch gelegt... und mit den Truppenverlegungen verlieren wir unsere besten Kräfte, kaum daß sie eingearbeitet sind.«

»Jeder wird verlegt, bloß nicht die Offiziere der Militärregierung.«

»Wir sind schon Glückskinder... Sie haben uns hier bis zum 2. März festgesetzt... Und Beförderungen? Pustekuchen. Hat man jemals von einer Beförderung innerhalb der Militärregierung gehört?«

»Und dennoch: Sehen wir vielleicht so aus, als hätten wir die Nase voll?« Sie blickten einander in die langen Gesichter und brachen alle zugleich in Gelächter aus. Die Mädchen hatten nicht zugehört. Sie bemerkten nur, daß gelacht wurde und stimmten schrill mit ein.

»Und dann kommt so ein kleiner Witzbold daher und schreibt einen Artikel, in dem er uns als Ausschuß bezeichnet«, sagt der Captain, der Schulrat gewesen ist.

»Wenn Dummheit weh tun würde...«

Mama hatte zwei frische Flaschen Cognac hereingebracht. Der Major goß sich sein Glas voll und gab dann die Flaschen um den Tisch weiter. Der flachsblonde junge Leutnant hob sein Glas.

»Zum Wohl, Ausschuß«, sagte er.

Wir regieren die Deutschen

Der die Militärregierung repräsentierende Leutnant sitzt an seinem Schreibtisch in einer hessischen Kleinstadt. Am anderen Ende des Zimmers sitzt eine kräftige Deutsche vor ihrer Schreibmaschine. Zwischen den beiden, auf einem Stuhl neben dem Telefon, das hübsche, schmale, dunkelhaarige Mädchen mit dem niedergeschlagenen Gesicht, das als Dolmetscherin arbeitet. Jenseits des Korridors befindet sich ein Büro voller deutscher Angestellter, die andauernd hereinschauen, um nach Anweisungen zu fragen. Noch weiter den Gang runter ist ein Warteraum, voll mit deutschen Einwohnern. Es stört diese Leute nicht zu warten, denn es ist warm hier drinnen. In jedem anderen Haus der Stadt ist es kalt.

Der Leutnant ist ein junger Mann mit dunklem Haar über einer hohen Stirn. Lichtreflexe spielen auf seiner Brille, wenn er sich über seine Arbeit beugt. Zuvor war er Lehrer in South Dakota und hat in einer ländlichen Region von Minnesota als Bankangestellter gearbeitet.

»Auf wieviel verschiedenen Registern spielen Sie momentan, Leutnant?« frage ich ihn.

Er blickt nachdenklich gegen die Decke, die aus unerfindlichen Gründen mit einer grausigen ahorngemusterten Tapete bedeckt ist. »Auf acht, augenblicklich, um ganz exakt zu sein«, antwortet er. »Rechnen wir mal nach... Steuersachen, das gehört zum Finanzwesen, Handel und Industrie, Religion und Erziehung, Transport, Eigentumsfragen, öffentliche Versorgung, Rationierungen und Preiskontrolle... Natürlich überwachen wir all das lediglich.«

Während wir reden, hat man einen schmalgesichtigen Mann ins Zimmer geschoben. Er trägt drei Ölbilder mit Alpenpanoramen unter dem Arm. Er hält sie dem Leutnant entrüstet vor die Nase. Amerikanische Truppen, die sein Haus beschlagnahmt hatten, haben diese wertvollen Bilder beschädigt. Und ein viertes Kunstwerk, eine Seidenstickerei, ist vollständig verschwunden. Er zeigt auf ein Loch, das von einer Patrone stammen könnte.

»Kindereien«, knurrt der Leutnant. »Sagen Sie ihm, er solle sich schriftlich beschweren.«

Er wendet sich wieder dem Papierkram auf seinem Schreibtisch zu. Nun ist da ein Mann, der ein Ersatzteil für seinen Opel will, das deutsche Gegenstück eines Chevrolets. Man wird eine Anfrage ausfertigen müssen, und er wird hinüber in die britische Zone müssen, um sie gegenzeichnen zu lassen, denn nur dort werden solche Ersatzteile hergestellt. Dann kann er sein Ersatzteil bekommen und es hierher mit zurückbringen.

»Werden die Briten da irgendwelche Schwierigkeiten machen?«

»Nein, in solchen Sachen arbeiten wir gut mit ihnen zusammen.«

»Und wenn es die französische Zone wäre?«

»Wenn irgend jemand auf der Welt weiß, wie man irgend etwas aus der französischen Zone rauskriegen kann, dann hat er es mir zumindest noch nicht verraten.«

»Und die russische?«

»Über die russische Zone wird hier nicht geredet.«

Dann gibt es da einen Brief eines evangelischen Pastors, der behauptet, er sei von den Nazis mißhandelt worden, die ihn beschuldigt hätten, im Katechismus kleine Mädchen zu begrapschen, und ihn dafür einsperrten. Er will wieder in seine Rechte eingesetzt werden.

Eine Fabrik, die Sessel herstellt, beschwert sich, daß sie bereit sei, wieder in Produktion zu gehen, sie sei entnazifiziert und alles, aber sie könne keine Schrauben bekommen.

Eine junge Frau tritt ein, die Hände voll echtem Silberpapier, das sie in einem unfrankierten Paket gefunden hat, zwischen all den anderen verlorengegangenen oder unzustellbaren Paketen, die im Postamt geöffnet werden. Es sind rund fünfundzwanzig Kilo davon da. Was sie damit tun solle?

»Schicken Sie's an die Reichsbank.«

Dann ist ein Mann an der Reihe, der Fertigbauteile von den abgerissenen Armeebaracken draußen am Flugplatz haben will, um damit Behelfsunterkünfte für Arbeiter zu bauen. Er hat vor, in einer ehemaligen Waffenfabrik landwirtschaftliche Geräte zu produzieren.

Dann gibt es eine lange Diskussion über die Frage, ob fünf mit rotem Samt bezogene Stühle im Inventar eines Hauses verzeichnet waren, das von einer Gruppe von Ingenieuren requiriert war, oder nicht.

»Wenn da nicht die DPs wären und die Kampfeinheiten, die alle Häuser besetzen wollen, die es in der Stadt gibt, könnte ich ein ruhiges Leben führen«, sagt der Leutnant.

Mittlerweile ist ein alter Deutscher eingetreten und hat sich gesetzt, ein Honoratior mit scharfen Zügen, einer langen dünnen Nase und abstehenden roten Ohren. Er ist der örtliche Direktor der entnazifizierten Bank. Es entwickelt sich eine endlose Diskussion – mithilfe der hübschen Dolmetscherin, die immer bedrückter und gelangweilter aussieht – über die Frage, welche Form von Aufstellungen über die gesperrten Konten von nachweislichen Nazis abgeliefert werden müßten.

»Sagen Sie ihm, daß es für jedes Konto, egal wie klein, eine gesonderte Aufstellung geben muß.«

Die Diskussion wird durch ein Telefongespräch mit dem Leiter der Farben- und Bleichmittel-Fabrik unterbrochen. Sie würden gerne arbeiten, können aber kein kohlensaures Natrium bekommen.

Dann wird ein kleiner, rattengesichtiger Mann in einem viel zu weiten schwarzen Mantel mit glänzendem Velourkragen ins Zimmer gestoßen. Er zittert auffällig.

»Ah, Sie sind der Mensch, den ich sehen wollte«, sagt der Leutnant vergnügt. »Wir haben die Erlaubnis, drei Kinos in drei verschiedenen Städten des Kreises zu eröffnen« – unter der Hand erklärt er mir, welcher amerikanischen Verwaltungseinheit ein Kreis entspricht –, »aber keiner der Besitzer kommt in Betracht, sind alle ausgefragebogent worden. Und jedes Kino muß einem Pächter überantwortet werden. Wenn ich mich recht erinnere, wollten Sie nur eines leiten. Jedenfalls sind Sie sauber. Von allen Zweifeln reingewaschen. So steht's zumindest im neuesten Rapport. Sie müssen morgen nach Frankfurt fahren, um Filme zu holen.«

Den kleinen Mann scheint diese Aussicht keineswegs zu begeistern. Er zittert immer noch, stolpert rückwärts aus dem Zimmer, macht einen heftigen Diener nach dem andern und sagt unaufhörlich: »Yes Sir, yes Sir.«

»Wissen Sie, diese Leute sind eine verdammte Bande von Denunzianten«, sagt der Leutnant aus heiterem Himmel. »Jeder zeigt jeden andauernd an.«

Das schwarzhaarige Mädchen blickt uns abwechselnd mit ihrem bedrückt-schmollenden Gesichtsausdruck an und nickt trübsinnig.

Schnellverfahren

Eine amerikanische Flagge ist an die Rückwand eines deutschen Gerichtssaales drapiert worden. Vor ihr sitzt ein rosiger, junger amerikanischer Leutnant, dem ernste

Konzentration ins Gesicht geschrieben steht, und neben ihm eine ungepflegte Deutsche, die dolmetscht. Links von ihm und eine Stufe tiefer steht ein aufgeblasen wirkender junger Deutscher mit Stülpnase und fettigen Haaren vor einem Pult voller Papiere. Das ist der Ankläger. Der Verteidiger sitzt auf der anderen Seite. Es handelt sich um den Richter des örtlichen Gerichts, der als Verteidiger aushilft, wenn sein eigenes Gericht nicht tagt. Er hat eine dieser eisengrauen harten Löwenmähnen, wie man sie auf Stichen des frühen 19. Jahrhunderts sehen kann, die die deutschen Romantiker zeigen, und trägt einen hängenden Bismarck-Schnauzer. Er ist das Abbild jenes früheren Deutschland, das wir so gerne wiedererwecken würden, wenn wir nur könnten.

Der Angeklagte steht in der Mitte. Von da, wo wir uns befinden, im Hintergrund des Gerichtssaals, können wir sein Gesicht nicht sehen, nur einen breiten Rücken und einen schwarzhaarigen Kopf, der trotzig zwischen die Schultern gezogen ist. Er steht breitbeinig da. Seine Hände läßt er in einigem Abstand zu seinem Körper hängen, die Fäuste ballen und öffnen sich langsam.

Durch die hohen Fenster des Gerichtssaals kann man die grünlichen Häuser mit ihren bemoosten Ziegeldächern sehen, die einen hübschen Marktplatz einrahmen, wo das letzte Laub der Platanen im Wind zittert. Dahinter spitze Giebel und hohe Bogenfenster und darüber die Türmchen einer großen, ein Stück weit entfernten gotischen Kirche.

Der Staatsanwalt liest die Anklageschrift auf deutsch und auf englisch vor. Er hat kaum geendet, als der Angeklagte schon herausschreit: »Schuldig.«

Der junge amerikanische Offizier fragt ihn, deutlich und langsam sprechend über die Dolmetscherin, ob er den Ernst der Anklage verstehe und was es bedeute, sich schuldig zu bekennen. Er erklärt ihm seine Rechte vor einem amerikanischen Gericht, und daß es an der Anklage sei, ihre Beschuldigungen gegen ihn zu beweisen. Der Angeklagte tauscht in einem höchst unfreundlichen Ton einige Worte mit seinem Rechtsbeistand. Mein Freund, der Major, stößt mich an. »Siehst du, der Kerl ist ein Nazi und meint, der Richter sei ein Kollaborateur«, flüstert er mir ins Ohr. Auch der Richter wirkt nicht so, als sei ihm viel an seinem Mandanten gelegen.

Der Angeklagte hat sein Bekenntnis jetzt zu nicht schuldig in den ersten zwei Anklagepunkten und schuldig im dritten abgeändert. Man klagt ihn für den Besitz von Feuerwaffen an, einschließlich zweier Pistolen und entsprechender Munition, und dafür, die besagten Pistolen mit ihrer Munition nicht gemeldet zu haben. Der dritte Anklagepunkt ist, die Unterschrift seiner Hauswirtin auf dem Anmeldeformular gefälscht zu haben, das er der Polizei übergeben hat. Er ist durch einen Hinweis dieser Hauswirtin verhaftet worden. Die Polizei hat sein Zimmer durchsucht und die Waffen gefunden. Ein noch sehr grüner, junger, deutscher Polizist, der wirkt wie ein Schuljunge, der etwas auswendig Gelerntes hersagen soll, trägt die belastenden Aussagen vor.

»Sinnlos drauf zu warten, daß dieser Fall hier jetzt entschieden wird«, flüstert der Major, der mich in den Gerichtssaal mitgenommen hat. »Wir können mit diesem Gericht hier nur Höchststrafen von einem Jahr verpassen... Sie werden damit zu dem Vermittlungsgericht müssen, das herumreist und periodisch tagt. Dort wird er anständig bedient werden.«

Landleben

Wir fahren durch Oberhessen, die Gegend, aus der die hessischen Söldner des amerikanischen Unabhängigkeitskriegs gekommen sind. Wir besuchen ein Elektrizitätswerk, das die alliierte Luftwaffe aus mysteriösen Gründen nicht bombadiert hat. Das Werk funktioniert mit Braunkohle, die ein paar Kilometer weiter abgebaut wird, und liefert Elektrizität nach Frankfurt und Berlin. Es ist dort nicht so sauber wie in einem amerikanischen Elektrizitätswerk, aber es läuft auf vollen Touren.

Wir besuchen ein riesiges Heinkel-Werk, eine Ansammlung bescheiden wirkender Baracken. Dort wurden Aluminiumgußstücke für Flugzeuge und Präzisionsinstrumente hergestellt. Halbfertige Flugzeugmotoren stehen auf den Drehbänken und in den Pressen, wie in dem Augenblick, als die Amerikaner die Stadt betraten. Die junge Dolmetscherin, die uns herumführt, erzählt uns, daß sie an diesem Tag dort gearbeitet hat.

»Brr, es war eiskalt in den ungeheizten Hallen«, sagt sie. »Die Nachtschichtler hatten die ganze Nacht durchgearbeitet, und dann sind die Amerikaner gekommen und haben uns alle nach Hause geschickt, und so hat das geendet.«

Wir sehen zum ersten Mal hessische Bauern in ihrer traditionellen Tracht. Die Frauen tragen ihr Haar von den Schläfen weggekämmt und in kleinen zylindrischen Knoten auf dem Kopf festgesteckt. Sie tragen bestickte Blusen und schwarze knielange Kleider, unter denen unzählige Lagen von Unterröcken hervorsehen. Die Männer tragen schwarze Kittel und Kniebundhosen und darunter dieselben schweren Strickstrümpfe wie die Frauen. Manche von ihnen haben schwarze Filzhüte aus dem 18. Jahrhundert. Und alle wirken sie wie holzgeschnitzte Spielzeugfiguren, wobei die Älteren grimmige Nußknacker-Gesichter haben.

Sie stapfen schwerfällig neben ihren langen Wagen her, die von Ochsen, Stieren oder Kühen gezogen werden. Die Karrenpflüge und schweren Eggen wirken wie aus einer anderen Zeit. Von Zeit zu Zeit kann man sogar einen hölzernen Pflug entdecken. Auf jedem Hof dampfen, direkt unter den Fenstern der Wohnräume, die Misthaufen, die schon Mark Twain so bemerkenswert fand. Dünger und menschliche Fäkalien werden in langen, sargförmigen Tankwagen hinaus auf die Äcker geschleppt. Ganz wie die Chinesen können die Hessen es sich offenbar nicht leisten, irgend etwas zu verschwenden. Aber der Winterweizen steht gut, und auf dem Weideland liegen überall kleine Häufchen Dünger.

Auf der Fahrt durch ein Dorf nehmen wir ein Mädchen mit, eine Angestellte der Militärregierung, die in den nächsten Ort zum Zahnarzt will. Dieses Dorf stellt sich als eine elisabethanisch anmutende Ansammlung von Fachwerkhäusern heraus, mit einem außergewöhnlich dampfenden und hohen Misthaufen in jedem Hof. Als wir vor der Tür des Zahnarztes ankommen, schlägt der Offizier, der mich herumfährt, vor hineinzugehen, während das Mädchen sich behandeln läßt.

Der Zahnarzt ist ein kleiner rotwangiger Mann mit roten Ohren und einer Adlernase. Seine Praxis ist gut ausgerüstet. Er hat auch eine Assistentin. Während er an den Zähnen des Mädchens arbeitet, redet er in einer leisen, höflichen Stimme lässig mit uns Amerikanern. Sein Englisch ist gut. Er erzählt von all den Nazis hier, dieser ist einer, jener ist einer. Beim Aufbruch sagt der Offizier mir in angewidertem Ton: »Ich wollte nur, daß Sie sich diesen Typen einmal ansehen. Das ist der, der seinen Schwager denunziert hat.«

Der getretene Wurm

Als wir in das Gasthaus zurückkehren, wo die Militärregierung untergebracht ist, treffen wir den sommersprossigen Captain auf seinem Zimmer beim Packen an. Eine schlaffe, schwarzgekleidete Deutsche, die in New Jersey gelebt hat, geht ihm zur Hand. Die hübsche schwarzhaarige Dolmetscherin setzt sich auf den Rand der Couch. Wie immer wirkt sie säuerlich.

»Tja Ed, wir ziehen aus«, sagt der Captain zum Leutnant. »Ich komme eben vom Hauptquartier zurück... Hab mit der ganzen Bande geredet. Sie sind zufrieden mit unsrer Arbeit hier. Sie waren so zufrieden, daß sie mit allem einverstanden waren, worum ich gebeten habe. Ich hab mehr Dinge geregelt, als du dir träumen lassen kannst... Und zu allererst stehe ich oben auf der Liste für die Heimreise nächsten Monat... Du kannst mir glauben, daß ich aufatme... Und zwar deswegen« – er schlug seine Brieftasche auf und reichte mir das Photo einer sehr hübschen jungen Blondine mit einem Baby im Arm. »Ist das nicht ein guter Grund?« fragte er. »Und dann sagten sie mir, daß ich entweder mit dir und den übrigen Jungs den Rest des Monats drüben beim Major einziehen kann... Wissen Sie, die Ablösung trifft demnächst ein«, setzte er zu meiner Information hinzu. »Wir werden hier lediglich ein Büro offenhalten und von dort, wo wir gestern waren, weiterarbeiten... oder aber ich kann auch gleich zurück ins Hauptquartier.«

Er ließ sich zwischen mich und das Mädchen auf die Couch fallen und wandte sich dann in vertraulichem Ton an mich. »Wissen Sie, worauf ich Lust habe? Ich hab ein Auge auf eine Farm geworfen. Vielleicht werde ich versuchen, anstatt irgendwo einen Job anzunehmen, mir ein paar Hühner zu züchten... Ich könnte die Farm auch sofort kaufen, aber dann müßte ich sie abzahlen.«

Der Leutnant ging hastig im Zimmer auf und ab und schürzte die Lippen. »Die Kacke ist am Dampfen«, sagte er, sobald der Captain zu reden aufgehört hatte.

»Wieso?«

»Becker.«

»Was ist wieder los mit Becker?

»Er hat den Mädels im Büro gesagt, sie hätten sich bei ihm abzumelden, wenn sie ihre Jobs behalten wollen. Er fängt an, sich zu benehmen, als wär' er schon der Chef des Ladens hier.«

»Verdammte kleine Ratte. Was bildet der sich ein?« Der Captain sprang auf. »Ich werd' ihm den Kragen umdrehn... Entschuldigen Sie«, sagte er, zu mir gewandt. »Der Ärger mit diesen Krauts ist, daß wenn Sie ihnen den kleinen Finger reichen... Verstehen Sie?«

Er stürmte zur Tür hinaus und auf den Gang. »Hey, Karl!« hörten wir ihn rufen. Eine unterwürfige, ältliche Stimme antwortete von unten her auf deutsch. Der Captain kam zurück ins Zimmer und zeigte alle seine Zähne in einem breiten Grinsen. »Das ist unser Hausbulle. Ich hab ihm gesagt, er solle Herrn Becker auftreiben und in Nullkommanichts herbringen. Dem werd' ich den Kopf abreißen... Verstehen Sie, wir haben so wenig Personal, daß wir diesen Krauts Verantwortung übertragen müssen, und dann profitieren die Kerle davon.«

Etwas später, während wir beim Abendessen saßen, an dem langen polierten Eichentisch in dem privaten Eßraum im Erdgeschoß, blickte ich durch die offene Tür in die Eingangshalle und sah dort einen kleinen jungen Mann stehen. Er trug einen Regenmantel mit Gürtel und stand breitbeinig da, als erwarte er einen kräftigen Sturm. Niemand hatte ihn hereinkommen sehen. Er stand bewegungslos im Vorraum und beobachtete uns aus aufmerksamen Wieselaugen. Er hatte ein scharfgeschnittenes kleines Foxterrier-Gesicht, abstehende rosa Ohren und feines, nach hinten geklatschtes Haar. Als der Captain ihn bemerkte, stieß er eine Art Knurren aus und sprang vom Tisch auf. »Das ist Becker«, sagte er und ging stracks auf ihn zu. Becker machte einen Diener, und ein zuckersüßes Lächeln umspielte seine femininen Lippen. Die zwei verschwanden in einen benachbarten Raum. Der Leutnant ging ihnen nach. Von meinem Platz aus konnte ich ihre Stimmen hören, die zwei barschen amerikanischen Stimmen, die ihm zeigten, wo es lang ging, und die weinerliche deutsche Stimme, die sich aalglatt anpaßte.

»Haben Sie ihn rausgeschmissen?« fragte ich, als der Captain zurückkam.

Er ließ sich mürrisch auf seinen Stuhl fallen. »Kann ich mir nicht erlauben, er ist zu verdammt nützlich... Ich hab ihn auf den Pott gesetzt... Und außerdem, zum Teufel nochmal, in dreißig Tagen hab ich's hinter mir.«

Wir besuchen den Bürgermeister

Nach dem Abendessen mußte der sommersprossige Captain den Bürgermeister des Nachbarorts aufsuchen. Wir kamen aus der dunklen Nacht der Landstraße in die noch dunklere einer unbeleuchteten Stadt. Wir tasteten uns von der Straße einen Pfad hinauf zur Tür des Bürgermeisters und bemerkten im Strahl der Taschenlampe, daß wir durch ein dichtes Beet wunderbarer Chrysanthemen marschierten. Im hellen und warmen Wohnzimmer des Bürgermeisters war es äußerst gemütlich. Ganz das frühere Deutschland, das amerikanische Studenten vor vierzig Jahren in ihren Briefen nach Hause beschrieben haben. Der Bürgermeister war ein drahtiger, weißhaariger Mann, seine Züge schienen wie aus Granit gemeißelt. Ein alter Sozialdemokrat, den die Amerikaner irgendwo in der Abstellkammer gefunden und entstaubt hatten. Seine Frau war untersetzt und lächelte gerne. Die eine ihrer Töchter war durchschnittlich, die andere sehr hübsch. Auch der Landrat war da, mit Frau und Sohn. Der Landrat war ein Mann mittleren Alters, mit einem scharfgeschnittenen, hellwachen Gesicht, dessen Ausdruck erkennen ließ, daß er es gewohnt war, Befehle zu erteilen. Man verteilte kleine Schnapsgläser und reichte eine Platte mit winzigen, trockenen Keksen.

Der Captain hatte ihnen eine Menge zu sagen. Er war sehr munter und redete in einem vergnügten Tonfall, fast als spräche er vor einer Versammlung aufstrebender junger Geschäftsleute zu Hause. Er hatte dafür gesorgt, daß mehrere Kinosäle geöffnet würden. Er hatte dafür gesorgt, daß der Berliner Pianist, der im Kreis Konzerte geben wollte, die Erlaubnis dazu bekam, vorausgesetzt, er hatte die richtigen Antworten auf seinen Fragebogen geschrieben. Er würde demnächst die öffentliche Bücherei wiedereröffnen.

Unsere Gastgeber waren freundlich und lächelten. Der Captain zeigte seine großen weißen Zähne und lächelte über das ganze sommersprossige Gesicht. Ganz offenbar machte es ihm Freude, diesen anständigen Leuten hier endlich auch einmal einige gute Nachrichten überbringen zu können. Darauf stießen wir an. Wir setzten uns aus den deutschen und englischen Worten die Geschichte zusammen, die sie uns über die Bücher der Bücherei zu erzählen versuchten. Um die Zeit der Bücherverbrennungen war es den Einwohnern dieses Ortes gelungen, ungefähr 300 Bände verschwinden zu lassen. Einer mauerte seine Bibliothek mit einer Backsteinwand zu. Und alle diese alten Bücher der Vornazi-Zeit würden jetzt wieder zugänglich werden.

»Schön, sagen Sie der Bibliothekarin, sie soll morgen früh um elf in meinem Büro sein«, sagte der Captain. »Wir werden dann alles regeln... und keine Sekunde später... wenn sie will, daß ihre Bücherei öffnet, hat sie Interesse, pünktlich zu sein.«

Der Bürgermeister schenkte eine weitere Lage Schnaps aus.

Am nächsten Morgen suchten wir denselben Bürgermeister in seinem Büro auf, in dem alten Rathaus der mittelalterlich ummauerten Stadt auf der Hügelkuppe.

Der Captain wollte, bevor er abreiste, eine Leica kaufen. Die meisten Photoapparate in der Gegend, erklärte er mir, seien ihren Eigentümern wieder zurückgegeben worden, aber der Sohn des Landrats glaubte, er wisse, wo man noch eine auftreiben könne. Während wir im Büro des Bürgermeisters auf die Rückkehr des jungen Mannes warteten, studierten wir die Bilder früherer Bürgermeister an der Wand. Das älteste war eine Radierung, die einen imposanten alten Mann im steifen Kragen und mit Löwenmähne zeigte. Das nächste war eine Photographie von etwa 1880, die einen gütig aussehenden deutschen Beamten der Bismarck-Epoche zeigte. Das letzte Photo in der Reihe war die Aufnahme eines Mannes mit einem weichen, aber spitzen Gesicht und einem halb gezwungenen, halb gerissenen Lächeln.

»Der war sehr reich«, erklärte uns der derzeitige Amtsinhaber und schmunzelte uns von seinem Schreibtisch her zu. »Er ist 1936 gestorben.«

Der Sohn des Landrats kam mit einem Photoapparat in der Hand zurück ins Büro. Während wir ihn noch begutachteten, stürmte eine kleine, frettchengesichtige Deutsche im Tweedkostüm in den Raum. Sie redete rasend schnell, mit einer hysterisch zischenden Stimme, auf deutsch. Der Sinn ihrer Worte war deutlich genug. Der Photoapparat gehörte ihr. Sie wollte ihn nicht verkaufen. Er war der letzte ihr verbliebene Besitz ihres toten Mannes. Die Amerikaner hätten alles gestohlen, was in ihrem Laden war, schrie sie mit schriller Stimme.

»Ich wollte ihn lediglich kaufen«, sagte der Captain. »Ich könnte ihn mir auch einfach nehmen, verstehn Sie?«

Sie grapschte den Photoapparat vom Schreibtisch weg

und stürmte, die gepolsterten Türen der Amtsstube schlagend, ebenso rasend hinaus, wie sie hereingekommen war.

»Nazi, Nazi, Nazi, Nazi«, murmelte der Bürgermeister leise hinter seinem Schreibtisch. Er saß da und schüttelte abwesend seinen alten weißmähnigen Kopf.

Als wir hinaustraten, fragte mich der Captain: »Haben Sie das Photo dieses letzten Bürgermeisters genau betrachtet, das ganz rechts? Trug er nicht ein kleines Kreuz am Revers?« Ich bestätigte, daß er irgend etwas auf dem Revers getragen hatte. »Er hatte etwas auf dem Revers, das einem Hakenkreuz verflucht ähnlich sah. Das Photo muß dort runter. Das sind unsere Befehle.«

Samstagabend in Deutschland

Der Nebel fällt dick und feucht an diesem Abend. Wir sitzen bei Cognac und Wasser im Offiziersclub. Der Club nimmt das ganze Erdgeschoß eines Jagdhauses ein, das einer reichen deutschen Familie gehörte. Beim Eintritt hatte uns ein grauer ausgestopfter Vogel auf einem Sockel begrüßt – jemand behauptete, es handle sich um ein Exemplar einer Trappe. Jeder freie Zentimeter Wand war mit Reihen von Rehgeweihen behängt, und auf einem dreieckigen Stückchen Horn, das unter jedem Geweih hing, waren sorgfältig Ort und Datum der Strecke vermerkt. Zwischen den Hörnern waren englische Drucke aus dem frühen 19. Jahrhundert angebracht und Photos, die Gruppen von Reitern mit Backenbärten in der Uniform des Ersten Weltkriegs zeigten. In einem Hinterzimmer mühte sich ein schwerfälliges deutsches Orchester mit »Night and Day« ab. Einige Offiziere tanzten mit deutschen Mädchen, aber die meisten von ihnen saßen die Wände entlang auf Ledersofas und starrten in ihren Cognac. Die Mädchen waren ziemlich hübsch, die Offiziere junge, gesund aussehende Männer mit frischen, offenen Gesichtern. Es gab reichlich zu trinken. Und dennoch wirkten sowohl die Mädchen als auch die Männer hoffnungslos niedergeschlagen. Spinnweben von Heimweh und Samstag-Abend-Blues legten sich über den Raum, so dick, daß sie alle Bewegung erlahmen ließen. Sobald die Musik aussetzte, herrschte absolutes Schweigen.

Die gesamten Tänze hindurch war der dickliche Offizier, der Polizei-Sergeant in Brooklyn gewesen war, allein an einem kleinen runden Tisch sitzengeblieben, den Kopf in die Hände gestützt. Plötzlich richtete er sich auf, zeigte ein rundes, verzweifeltes Gesicht und krächzte, und seine Stimme war heiser vor Trübsinn: »Es ist ja nicht der Dienst... Es macht mir nichts aus, im Dienst zu sein... Solange ich was zu tun habe, geht's mir gut... Was einen fertigmacht, ist die freie Zeit.«

Bad Wiessee, Bayern, 6. November 1945

2

Die Wiener Grenze

Der Weg durch die russische Zone

Den ganzen Nachmittag lang waren wir an Kolonnen von Planwagen vorbeigefahren. Es handelte sich um eine kriegsgefangene Division auf ihrem Weg zurück nach Ungarn. Man hatte den Ungarn einige Wehrmachtspferde gegeben und sie sich dann selbst überlassen. Sie trugen Uniformfetzen von jeder europäischen Armee, sie hockten auf den kaputten, mit Leinwand und Tuch notdürftig bedeckten Heuwagen, die Füße auf den Deichseln, und holperten durch den Regen. Neben ihnen, in einem Wirrwarr aus Matratzen, Gaskochern, Töpfen, Geschirr und Kinderbetten, saßen ihre zusammengekrümmten Frauen, das Haar unter Handtücher geschlungen, und ihre zerlumpten und hohläugigen Kinder. Als in der einfallenden Dämmerung die Straße sich durch die Schluchten des Vorgebirgslandes wand, konnten wir ihre kleinen Lagerfeuer rot zwischen dem braunen, toten Laub der Buchen hindurchflackern sehen.

Als wir in Linz ankamen, begannen wir, die Nähe der Grenze zu spüren. Linz war grauer Stein, enge Gäßchen, die sich mit dem kalten Nebel füllten, der von der Donau aufstieg. Ein paar amerikanische Soldaten lungerten einsam an den Rändern eines langen Platzes herum, in dessen Mitte ein verwitterter Barock-Springbrunnen stand. Die Spuren der Zerstörung an den hohen, alten, grauen Häusern, die von den Bombenangriffen herrührten, zeichneten im eisigen Schein einer einzigen, nackten Straßenlaterne ein Elendsbild, das einem die Sprache verschlug. Der Nebel verwandelte sich in Eisregen. Wir drehten eine Runde, um uns die Füße zu wärmen.

Als wir die Donaubrücke überqueren wollten, hielt uns ein grinsender Militärpolizist zurück. »Sie könn' da nicht rüber ohne einen Passierschein. Das ist die russische Zone«, sagte er.

»Wie kommen Sie mit den Russen aus?«

»Wir komm' ganz gut mit denen aus. Sie sinn 'n bißchen grob«, sagte er. »Scheinen nicht sehr kultiviert zu sein.«

Gegenüber dem Springbrunnen befand sich ein kleines Hotel, das die Armee für durchreisende Offiziere requiriert hatte. Die Schlafzimmer gingen auf einen kleinen gepflasterten Hof, durch den Nacht und Eisregen ungehindert eindrangen. Mein Zimmer war eiskalt, zwei steinharte Betten darin und kein anderes Bettzeug als eine Federdecke, die auf die Größe eines winzigen Zwerges zugeschnitten war. Wer immer da leugnet, daß die Deutschen Barbaren waren, soll nur einmal versuchen, in einem ihrer Betten zu schlafen. Ich war gerade in alle Wollsachen geschlüpft, die ich bei mir hatte, und versuchte, mich in den Schlaf zu schnattern, als das Licht aufflammte und ich einen jungen amerikanischen Captain erblickte, der mit offenem Gesicht auf mich herablächelte. Er war so groß und breitschultrig, daß ich mich fragte, wie es ihm je gelingen sollte, sich so zusammenzufalten, daß er unter das andere Federbett paßte. Sein Haar und seine Augen waren schwarz, und er hatte sehr regelmäßige weiße Zähne. Er entschuldigte sich, mich geweckt zu haben und erklärte, daß das zweite Bett in meinem Zimmer das letzte freie des Hotels sei. Irgend etwas in der Art, wie er seine Vokale aussprach, erinnerte mich an das Englisch, das pennsylvanische Mennoniten sprechen. Während er sich auszog, redete er in der freundlichen Art der Leute aus der Kornkammer im Mittelwesten. Er stammte aus Iowa, deutschen Ursprungs, sagte er mit einem ansteckenden Grinsen. Er war in einer Artillerieeinheit.

»Meine Familie« – »my people«, sagte er und sprach es ein wenig wie »mei bibel« aus, »kommt aus Deutschland, aber wir leben schon 80 Jahre in Iowa. Wir gehören zu einer von den religiösen Gemeinden. Ich bin einer von den ganz wenigen, die vom Bauernhof kommen und wieder dahin zurückwollen. Ich hab meine Zeit rum, aber ich gehe nur auf Urlaub nach Hause. Meine Einheit ist oben in der Tschechoslowakei, und ich bin hier jetzt nur vier Tage auf Urlaub. Denn da gibt es eine Komplikation.« Seine Stiefel fielen mit dumpfem Geräusch zu Boden. »Ich werde ein Sudetenmädchen heiraten. Eine Deutsche. Ich bin jetzt vier Monate mit ihr zusammen. Wir wollen heiraten. Sie spricht sehr gut Englisch. Sie hat eine sehr gute Ausbildung. Sie ist mit hier runter gekommen, um in einem amerikanischen Büro einen Job zu finden. Die ganzen Deutschen werden ja aus der Tschechoslowakei vertrieben. Das ist hart. Auge um Auge, verstehn Sie...

Jedenfalls, wenn sie hier in Linz für die Amerikaner arbeiten könnte, wäre sie in Sicherheit. Wenn ich sie auf der Stelle heiraten könnte, könnten wir zusammen nach Hause gehen, aber das ist nicht möglich, also muß ich alleine zurück und es der Familie klarmachen. Ich möchte nach Hause, und wenn ich hinschwimmen müßte, und Mais anbauen, aber da ist jetzt diese Komplikation... Na, Gute Nacht«, sagte er munter und hörte abrupt auf zu reden, während er in seiner Unterwäsche durch das Zimmer marschierte, um das Licht zu löschen.

Am nächsten Morgen fuhren wir nach dem Frühstück im Schneeregen unter einem niedrigen Himmel aus Linz hinaus ins flache braune Land. An einer kurzen Brücke setzten wir in die russische Zone über. Sobald er sah, daß der Wachposten auf der amerikanischen Seite uns durchließ, klappte auch der Posten am russischen Ende seinen Schlagbaum hoch. Wir fuhren durch ein leeres Dorf mit einigen russischen Parolen und ein paar im Wind wehenden roten Fahnen. Danach begegneten wir schmutzigen Soldaten, Männern mit hohen Wangenknochen, die niedrige hölzerne Karren kutschierten. Ein hohläugiger Offizier mit einem roten Band an der Mütze rollte in einem altertümlichen Viktoria vorbei, dessen Karosserie aus gelbem Korbgeflecht bestand. Auf dem Fahrersitz hockte die flachgesichtige Gestalt des Iswostschik, wie man sie von allen Kutschböcken der russischen Literatur kennt.

Auf dem letzten Paß vor Wien, wo die Straße sich in Serpentinen zwischen hohen runden Bergkuppen hinaufschlängelte, wandelte der Graupelregen sich zu dicken Schneeflocken. Die Straße versank im Matsch. Als die

Kurven immer enger wurden, stießen wir auf einen Konvoi ausgeliehener amerikanischer Laster mit russischen Kennzeichen. Sie wurden von großäugigen Slawen gesteuert, sympathische junge Burschen, frisch vom Lande. Beinahe jeder zweite Lastwagen hatte einen anderen im Schlepptau, der liegengeblieben war. Je höher wir den Paß hinaufrutschten, desto dichter wurde der Schnee. Die Russen schlitterten über die gesamte Straßenbreite. Oben auf der Paßhöhe kam zum Schnee noch der Nebel hinzu. Dort waren die Laster endgültig steckengeblieben. Sie schlingerten im Zickzack quer über die Straße. Hier und da war ein Laster über die Kante gerutscht und wurde von den Ästen knorriger Bäume und von den Büschen am Straßenrand vor dem Sturz in den Abgrund bewahrt. Die Russen mit ihren langen Mänteln standen hilflos in Grüppchen herum, schüttelten die Köpfe und schlugen sich die Arme überkreuz gegen den Körper, um warm zu bleiben.

Der Fahrer unseres Wagens war ein sehniger junger Typ aus Louisiana, Missouri, mit einem Habichtsgesicht und grauen Augen. Er machte nicht viele Worte, aber wenn er sprach – seine Stimme hatte den rauhen, metallischen Klang der Leute aus Missouri –, dann sah er darauf, es auf den Punkt zu bringen. Er grinste, während er den Wagen in sauberen Drifts durch den tiefen Schnee um die festgefahrenen Laster herumsteuerte. »Sinnlos, den Jungs da Autos zu kaufen«, sagte er schließlich. »Die könn' nicht damit umgehn.«

Endlich hatten wir den Konvoi hinter uns gelassen und begannen unsere Abfahrt durch den Nebel, bis hinunter ins Tiefland, wo der Schnee sich zunächst wieder in

Schneeregen, dann in Regen verwandelte. Die Dörfer wirkten tot und leer. Hinter einer scharfen Kurve stand eine Gruppe russischer Soldaten um eine Art geschmückten Triumphbogen aus Tannenzweigen, durch die rote und grüne Papiergirlanden gezogen waren. Der Anblick von Tannenzweigen und flachen slawischen Gesichtern, von rot-grüner Dekoration vor den Häuserruinen mit den vom Regen gelöcherten, gelben Schneewehen davor, das alles und dazu die Art und Weise, wie die Russen in ihren hohen Stiefeln in einer Gruppe unter dem Triumphbogen standen, als wollten sie jeden Augenblick zu singen anfangen, erinnerte mich an die Chorpartien aller russischen Opern, die ich je gesehen hatte. Es war erstaunlich, so schnell, so tief in Rußland zu sein. Ein Wachposten mit roter Nase und Maschinenpistole winkte uns durch eine weitere Straßensperre. Dann kreuzten wir eine Eisenbahnstrecke, auf den Schienen rotteten verrostete Lokomotiven und zersplitterte Güterwagen vor sich hin. Im Vorüberfahren konnten wir durch den Nebel einen kurzen, undeutlichen Blick auf die Fassade von Schönbrunn werfen, und kurz danach rollten wir durch die breiten, leeren, regendurchpeitschten Avenuen Wiens.

Ein Filter zwischen Ost und West

Wien bricht einem das Herz. Die Stadt ist stückchenweise gestorben, seit der Kollaps des Habsburger Systems im Ersten Weltkrieg sie zu einer Hauptstadt ohne Reich machte. Und dennoch: Selbst nach den Jahrzehnten von langsamer Strangulation, von Nazimassakern, alliierten Bomben und Grausamkeiten der russischen Armee ist hier und da etwas von Würde und Glanz einer Metropole zurückgeblieben. Wien ist wie eine alte Operettendiva, die im Armenhaus zugrunde geht; aber wenn der Arzt seine Runde auf dem Hof macht, verzieht sie ihre vertrockneten Lippen noch immer zum selbstbewußten Lächeln einer Frau, die weiß, daß viele Männer sie geliebt haben. Noch immer geht von den schönen alten Häusern und dem Benehmen der Menschen etwas von alter Wiener Grazie aus. Und dann das kleine Hotel, das für die amerikanische Presse beschlagnahmt wurde: Da ist etwas in den rosa Kronleuchtern, in den Spitzenvorhängen vor den hohen Fenstern des Speisesaals, in der halb spöttischen Unterwürfigkeit des Oberkellners in seinem Frack und mit seinem geschwärzten Schnurrbart, was es so nur in Wien geben kann. In all der Armut und den Erniedrigungen der Kriegsjahre hat die Stadt doch nicht vollständig die großen Tage vergessen, die sie einstmals kannte.

Das schlotternde Elend der Leute auf der Straße, das brandgeschwärzte Filigran des Stephansdoms, die zertrümmerten Barockfassaden, die zugenagelten Läden, die Ruinen, in denen Gras wächst, all das berührt einen hier mehr als in den Städten des eigentlichen Deutschland. Vielleicht auch, weil die Zerstörung nicht so total ist. Die Umrisse der Stadt sind zum guten Teil noch kenntlich.

Parks und Plätze sind umgegraben worden, um Luftschutzunterstände zu errichten. Auf jedem Grasfleck sprießen die weißen Kreuze der Gräber der russischen Soldaten, die bei der Einnahme der Stadt ums Leben kamen. Die breiten Boulevards des Rings mit ihren Baumreihen wirken leer und desolat. All die Paläste, Museen und Gebäude der alten k.u.k.-Administration, all diese Tausende von Kubikmetern Mauerwerk in allen Stilen des 18. und 19. Jahrhunderts stehen leer, ausgebrannt, ausgebombt. Das einzige, was noch an die Habsburger erinnert, sind ihre Denkmäler. Große bronzene Reiterstandbilder und symbolische Gestalten feiern vergessene Großtaten vergessener Dynastien; wo immer in den Straßen eine Perspektive auftaucht, bilden sie deren monumentalen Fluchtpunkt und verleihen der leeren Stadt etwas von einem halbverfallenen Rummelplatz.

Trotz all der Verfehlungen des letzten Vierteljahrhunderts folgt das Leben, das wieder aus den Ruinen zu kriechen beginnt, ein wenig den alten Mustern. In den imposanten Hallen der ungeheizten Regierungsgebäude schlottern totenbleiche Männer in ihren Mänteln und warten darauf, zu einem Minister vorgelassen zu werden. In der Kanzlei, wo Dollfuß ermordet wurde, ist ein jüngerer Mann mit blondem Drahthaar auf dem Schädel dabei, der Weltpresse eine Protestnote zu verlesen. Er sitzt dazu am Ende eines langen Tisches mit grünem Filzbezug, in einem herrlichen Saal aus dem 18. Jahrhundert, dem die halbe Decke fehlt, der aber noch immer mit goldgerahmten, amorettenverzierten Spiegeln geschmückt ist. Er verteilt dieselben kleinen Broschüren, die auf Glanzpapier Landkarten und Tabellen zeigen und die Nöte einer vertriebenen nationalen Minderheit veranschaulichen (diesmal handelt es sich um Kärnten), die, wie ich mich noch gut erinnere, schon in den Korridoren von Versailles herumflogen. Im Vortragssaal eines anderen Gebäudes ist ein hochgewachsener, schwarzgekleideter Mann mit bleichem, eckigen, vernarbten Schädel dabei, die österreichische Position zur Außenpolitik darzulegen. Er sagt, daß Wien als Hauptstadt einer neuen österreichischen Republik neues Leben gewinnen werde als Dolmetscher und Filter innerhalb Mitteleuropa, das sich mit dem Blick auf Moskau, und Westeuropa, das sich mit dem Blick auf Washington entwickeln wird.

In der kleinen, mit karminrotem Damast verhängten gotischen Kapelle in der Hofburg singt der berühmte Knabenchor, der jahrhundertelang sonntagmorgens die Messe für die Habsburger und den Hofstaat intonierte, noch immer die fröhlichen Schubert-Messen. Der einzige Unterschied ist, daß die goldbetreßten Uniformen, denen die Mesner heute dienernd die Plätze auf dem Balkon anweisen, amerikanische, englische oder französische Abzeichen aufweisen.

Obwohl viele Säle in Trümmern liegen, haben alle Theater geöffnet. Die Konzertprogramme bieten in einer Woche mehr gute Musik, als man in New York in einem Monat hören könnte. Sogenannte »Nightclubs«, geöffnet von sechs Uhr bis halb neun abends, haben Lieder und politisches Kabarett auf dem Programm, und die Leute stehen Schlange davor, obwohl man dort weder zu essen noch zu trinken bekommt. In den ungeheizten und nie geputzten Cafes sitzen die Leute über der schimmlig schmeckenden Schleimsuppe, die sie hier Kaffee nennen und die wahrlich das Nationalgetränk des europäischen Kontinents geworden ist, und lesen Zeitungen.

»Was essen Sie?« kann man die Leute fragen.

»Brot und Trockenerbsen«, antworten sie dann.

»Wo treiben Sie das Geld auf, um die Rationen zu kaufen?«

Indem sie Möbel verkaufen, oder Altkleider, oder sich selbst, antworten sie. Und wenn die Lage zu düster wird, sagen sie, werden die Amerikaner sie ernähren. Handel oder Industrie sind inexistent. Von Bäckereien abgesehen, kann man die offenen Geschäfte an einer Hand abzählen. Der Schwarzmarkt am Naschmarkt, den zu zerstören Militärpolizisten aus vier Ländern miteinander wetteifern, ist für eine Stadt von der Größe Wiens erbärmlich klein. Nachts werden die unbeleuchteten Straßen, auf denen sich überall die Stein- und Ziegelhaufen von den zerstörten Häusern türmen, von Diebstahl und Gewalt heimgesucht, die man, je nachdem, den Deserteuren, den Russen, oder einfach den *displaced persons* zuschreibt. Wie im Mittelalter tritt man nach Einbruch der Dunkelheit auf eigenes Risiko hinaus auf die Straße. Wenn man seinen normalen Weg verläßt und im Abfall der Stadt Mozarts und Beethovens herumschnüffelt, kann man sicher sein, irgendwann plötzlich einem breitschultrigen jungen russischen Posten gegenüberzustehen, der »Hallo« ruft und einem dann seelenruhig seine MP vor den Nabel hält und einen mit einem Kuhblick aus den großen Steppen unbeweglich anstarrt.

Unser ukrainischer Lehrer

Obwohl man reichlich Russen auf der Straße sieht, oder wenn sie an der Kasse von Theatern oder Konzertsälen Schlange stehen, ist es erstaunlich schwer, einen Russen beim Wickel zu bekommen, mit dem man reden könnte. Der eindeutige Grund dafür ist, daß sehr wenige Russen der derzeitigen Generation außer Deutsch eine

Fremdsprache beherrschen und daß so gut wie kein Amerikaner Russisch kann. Ein größeres Hindernis als das Sprachproblem ist die Tatsache, daß seit nun bald dreißig Jahren, alles, was die Sowjetbürger von der Welt außerhalb der UdSSR wissen, durch das verzerrende Prisma marxistischer Propaganda gefiltert wurde. Jeder Sowjetbürger hat den Eindruck, daß zwischen ihm und der kapitalistischen Welt eine erbitterte beiderseitige Feindschaft besteht, wozu noch die wohlbegründete und drükkende Furcht in seinem Hinterkopf kommt, daß jeglicher Kontakt zu Ausländern von den gefährlichen Schnüfflern des NKWD falsch ausgelegt werden könnte.

Andererseits habe ich unter Amerikanern aller Schichten freundliche Neugierde erlebt, mehr darüber zu erfahren, was hinter den unüberwindlichen Mauern der russischen Macht liegt, und die beinahe schon rührend zu nennende Bereitschaft, sich sehr weit aus dem Fenster zu lehnen, um russische Nöte oder russische Vorurteile zu verstehen, ganz besonders in Wien. Nach langem Hin und Her fand ich schließlich einen amerikanischen Offizier, der nicht nur russisch verstand und Rußland kannte, sondern der mit einem leibhaftigen Russen bekannt war. Er lud uns beide großzügig auf einen Drink in sein Hotel ein, und danach dinierten mehrere von uns mit dem Russen in dem kleinen privaten Speisesaal des Hotels, dessen Wände mit dunkel glänzendem Holz verkleidet waren und an denen Drucke mit englischen Jagdmotiven hingen und so viele Rehgeweihe wie Stacheln auf der Schale einer Kastanie.

Unser Freund trug eine Majorsuniform. Er war ein typischer, breitgesichtiger Ukrainer, kurz und stark gebaut, mit feinem Kräuselhaar. Er erzählte, daß er sich darauf freue, bald demobilisiert und nach Hause geschickt zu werden, in die ukrainische Kleinstadt, wo er an einer Schule Literatur lehrte. Sein Spezialthema war amerikanische Literatur. Über die Werke Dreisers, Mark Twains und Sinclair Lewis' sprach er mit Begeisterung. »Onkel Toms Hütte« war einer seiner liebsten amerikanischen Romane. Er erwähnte auch einige meiner eigenen Romane und zeigte sich enttäuscht, daß ich in keinem Buch die großen Leistungen der Sowjetunion im Kriege erwähnt hätte. Schriebe ich so etwas, sagte er lächelnd, dann solle ich nach Rußland kommen, um zu sehen, wie warmherzig das russische Volk einen Dichter willkommen heiße.

Die amerikanischen Liberalen hatten, seiner Meinung nach, alle konfuse Ansichten zum Problem der Gleichheit. Gehälter sollten sich nach dem Wert eines Menschen für die Gesellschaft richten. Wenn ein Mann zwei linke Hände hatte, dann dürfte er gewiß nicht soviel verdienen wie einer, der erstklassige Arbeit ablieferte. Je wertvoller jemand für die Gesellschaft sei, desto besser sollte er wohnen, autofahren und Urlaub an der See machen können. Die Idee, einem Hilfsarbeiter mit zwei linken Händen und einem unentbehrlichen Kopfarbeiter dieselben Löhne zu zahlen, sei kapitalistische Gleichmacherei und ein großer Fehler.

Auf diese Weise gerieten wir auf das Glatteis des Wortes »Demokratie«. Er ließ ein paar Bazooka-Salven los, um den Abscheu zu zeigen, den er bei dem Gedanken verspürte, daß in einer kapitalistischen Demokratie wie Amerika manch einer so tief sinken könne, seine Stimme zu verkaufen. Kein Sowjetbürger würde je dergleichen tun. Wer wollte sie auch kaufen? fragte einer der Amerikaner hinter vorgehaltener Hand. Die Bemerkung wurde nicht übersetzt. In der Sowjetunion, erklärte der Lehrer, war sein Wahlrecht eines Mannes ganzer Stolz. Zur Zeit fand zu Hause bei ihm gerade ein Wahlkampf statt. Nein, bei russischen Wahlen ging es nicht um verschiedene Politiken, sondern ausschließlich um Personen. Gewiß, es gab nur einen Kandidaten, aber bevor der nominiert wurde, fanden Diskussionen statt. Der Wahlkampf drehte sich nicht um die Ansichten eines Mannes, sondern um dessen Fähigkeiten. Was der Wähler wissen wollte, war, wer der intelligenteste, erfahrenste und bestgeschulte Mann für die gegebene Aufgabe war. Der derzeitige Wahlkampf um die Nominierungen für verschiedene Kommitees und Sowjets war der lebhafteste, an den er sich überhaupt erinnern konnte.

Wenn er recht verstehe, sagte er und wandte sich mit mißtrauisch verengten Augen zu mir, sei ich ein Republikaner. Ich versuchte zu erklären, daß ich einmal für die Republikaner stimmte und einmal für die Demokraten oder sogar die Sozialisten und manchmal sowohl als auch. Wir versuchten zu erklären, was »sowohl als auch« bedeutet, aber wir kamen dabei vom Hundertsten ins Tausendste. Er spürte, daß ich Ausflüchte suchte und einen tief verborgenen Grund hatte, ihn nicht über meine politische Überzeugung aufzuklären. Schließlich lavierten wir derart hilflos zwischen den beiden Sprachen, daß es schon wieder komisch wurde und wir zu lachen anfingen. Der kleine Major mißtraute seinen kapitalistischen Freunden ebenso sehr wie ein Bauer aus Connecticut einer Ansammlung von Buchmachern mißtraut hätte, aber jedesmal, bevor die Luft wirklich dick wurde, retteten wir die Lage, indem wir den einen oder anderen Toast auf unsere tapferen Alliierten ausbrachten. Und dann gewann sein Enthusiasmus, Neues über die amerikanische Literatur zu erfahren, wieder die Überhand über sein Mißtrauen gegenüber den Agenten der Wall Street, und er war freundlich, und es war gut auskommen mit ihm. Als wir uns schließlich verabschiedeten, waren wir alle in bester Laune.

Vor dem Eingang des Hotels sagten wir beide unseren Gastgebern Gute Nacht und waren schon auf dem Sprung, gemeinsam die dunkle Straße hinabzuschlendern, als der Major es sich plötzlich anders überlegte und in die Eingangshalle zurückging. Ich verabschiedete mich und marschierte davon. Ein paar Sekunden später kam er nach, achtete aber darauf, Abstand zu mir zu halten. Ich zweifle keine Sekunde daran, daß der wahre Grund, warum er zurückgegangen war, in seiner Furcht bestand, die falschen Augen könnten beobachten, wie er mit einem Amerikaner die Straße entlangging.

Russisch Poker

Ich durchkämmte das Verwaltungsgebäude, das die amerikanische Abordnung der Viermächteregierung beherbergte und fragte Männer von den verschiedensten Stufen der militärischen Hierarchie, wie sie mit den Russen zurechtkamen. Die Reaktion auf diese Frage war überall Konsternation. Einige Männer sagten, sobald sie nur das Wort hörten, überhaupt nichts mehr. Und kein einziger wollte zitiert werden.

Auf der Ebene des »Grünen Tischs«, wie es hier heißt, d.h. auf der Ebene der Arbeitskommissionen, in denen die lokalen Probleme und Themen in allen Details besprochen wurden, traf ich auf ganz verschiedene amerikanische Reaktionen. Offizielle, die mit großen idealistischen Hoffnungen hierher gekommen waren, zeigten sich im allgemeinen völlig entmutigt von dem, was sie die Arroganz, die Betrügereien und die Verachtung für Menschenrechte der Russen nannten, mit denen sie verhandelten, und redeten kryptisch und in bitterem Ton von den bevorstehenden Gefahren. Dann gab es eine zweite Gruppe von Offiziellen, die es sich zu einer Art persönlicher Aufgabe gemacht hatten, mit den Russen auszukommen. So jemand war sehr vorsichtig mit seinen Aussagen und schien es schon für den Beweis dafür zu halten, daß man eine gemeinsame Basis der kompromißbereiten Zusammenarbeit gefunden habe, wenn sein sowjetischer Kollege ihm einmal einen guten Morgen wünschte. Alles in allem, scheint mir, hatten die West Pointer die gesündeste Einstellung. Die meisten von ihnen hatten keinen Schimmer von russischer Geschichte oder russischem Benehmen, auf eine Art, wie nur Amerikaner ahnungslos sein können, was fremde Länder betrifft, aber sie verhandelten mit den russischen Offizieren »unter Soldaten« und gingen die Probleme an, wie sie eben gerade kamen. Die Disziplin und die beschränkten Referenzen eines militärischen Geistes, sowie sein instinktiver Patriotismus, erwiesen sich dabei im Großen und Ganzen als höchst nützlich für sie.

»Wenn wir die österreichischen Fragen nur separat angehen könnten und uns dabei wirklich auf die inhärenten Probleme beschränken, dann kämen wir ganz gut miteinander aus«, sagte mir ein Mann, der in der Hierarchie ziemlich weit oben stand, »aber was Ihnen bei dieser Geschichte schnell klar wird, ist, daß die Russen jedes kleinste Thema, das aufkommt, behandeln, als sei es eine ihrer Karten in einem großangelegten internationalen Pokerspiel... Und wir sind bei diesem Spiel in keiner besonders starken Position, denn wir kennen die Spielregeln nicht. Wir haben immer wieder versucht, sie dazu zu bringen, ihre Karten auf den Tisch zu legen und zu sagen, was sie eigentlich wollen, aber das scheint gegen ihre Religion zu gehen.«

Den Männern an der Basis wird jeden Tag deutlicher, daß die Engländer und Amerikaner ihr Spiel in der Intimität der Konklave der Großen Drei in Teheran, Jalta oder Potsdam damit begonnen haben, alle Trumpfkarten an die Russen zu verteilen. So bekommt man zu hören, daß, wer auch immer die Idee hatte, die Viermächte-Regierungen von Berlin oder Wien in Zonen zu legen, die von den Russen beherrscht werden, ganz gewiß den Leninorden verdient hat. Die Tatsache, daß ihre Alliierten militärisch im Hintertreffen waren, hat der Sowjetunion eine Methode geliefert, sanften Druck auszuüben und man kann nicht behaupten, sie sei sparsam damit umgegangen. Je länger ich mit den Männern redete, deren Köpfe tagtäglich über den Detailproblemen rauchten, wie man in Österreich eine republikanische Regierung und eine funktionierende Wirtschaft aufbauen könne, desto klarer wurde, daß das wahrhaft Überraschende nicht war, wie schlecht sie mit den Russen zurechtkamen, sondern wie gut sie mit ihnen zurechtkamen. Wenn jemand in optimistischer Stimmung war, könnte er vielleicht sagen, daß selbst wenn es uns total mißlingen sollte, in Europa aufzubauen, was immer wir dort aufbauen wollten, es uns immerhin gelungen wäre, einige Armeeoffiziere und einige zivile Beamte in die Kunst des internationalen Pokers einzuführen, und zwar in die russische Variante davon. Es handelte sich um ein Spiel, das wir irgendwann ebensogut beherrschen würden wie den Bau von Flughäfen oder die Nachschub-Organisation. Und wenn wir als Nation in dieser recht eigentümlichen Welt, die die politischen Niederlagen des Zweiten Weltkriegs uns beschert hatte, überleben wollten, dann hatten wir ein verdammtes Interesse daran, dieses Spiel zu lernen. »Wir haben damals nie verstanden, wie Hitler den Fehler machen konnte, die Russen zu überfallen«, sagte einer der Offiziellen in einem unbeobachteten Moment. »Jetzt haben wir's kapiert: Er war mit ihnen verbündet.«

Geschichten aus dem Wienerwald

Unser Fahrer aus Missouri trat ein und postierte sich schweigend neben dem Tisch, an dem wir unser Frühstück einnahmen. Auf seinem Gesicht stand der unnachahmliche »Wollt Ihr wissen, was nun wieder passiert ist?«-Ausdruck.

»Läuft der Wagen?« fragten wir.

Er schüttelte den Kopf. »Ventile«, sagte er zärtlich.

»Wie lange braucht die Reparatur?«

»Zwei Tage«, sagte er im Tonfall eines Mannes, der einen Todesfall in der Familie mitzuteilen hat.

»Tja, du wolltest ja Wien kennenlernen.«

»Und das hab ich«, antwortete er geheimnisvoll. Und

schon halb aus dem Eßzimmer draußen, ließ er noch beiläufig fallen: »Bin gestern Nacht beinahe ausgeraubt worden.«

»Wann? Wie? Erzähl!«

»Tja, ich hab hier 'nen Kumpel, den ich drüben in den Staaten in einem Ausbildungslager kennengelernt hab. Wir ham uns 'nen Jeep geklemmt und sind 'n bißchen rumgekurvt, um uns die Stadt anzusehn, und da laufen uns so zwei Fräuleins über den Weg. Meine war echt 'ne hübsche Maus. Nee, hat die gesagt, sie ist noch nie mit 'nem Mann ausgegangen, nicht mit 'nem Yankee, noch mit sonstwas, aber so mal 'ne Runde mit uns drehn, warum nicht, sagt sie... Sie hat mich zu ihrer Großmutter mitgenommen. Naja, und gestern abend wollten wir zu Fuß hin. Sie wohnen nicht weit weg... Da drüben« – er deutete mit dem Daumen über die Schulter – »und plötzlich steht da dieser Russkie vor uns und versucht, mir meine Armbanduhr abzuzocken. Ich, die Knarre ziehn und feuern, war alles eins. Ihr hättet sehn sollen, wie der gelaufen ist.«

»Hast du ihn getroffen?« fragten wir, aber Missouri war schon auf dem Weg aus dem Speisesaal hinaus. »Bis morgen«, sagte er.

So mußten wir in einem Jeep durch die Stadt fahren statt in der komfortablen Limousine, mit der wir von München hergekommen waren. Als wir am Gebäude des russischen Hauptquartiers vorbeikamen, stand ein amerikanischer Soldat oben auf einer der ausziehbaren Leitern eines der großen, roten städtischen Feuerwehrwagen und mühte sich mit den Glühbirnengirlanden ab, die die überdimensionalen Porträts Lenins und Stalins zierten, die die

Fassade dekorierten. Irgendwo spielte eine Militärkapelle. Einen Block weiter hatten sich britische Truppen vor der alliierten Kommandantur versammelt. Wir ließen den Jeep stehen und schlossen uns einer verstreuten Menge von Wienern an, die das Treiben hinter den Büschen im kleinen Park des gegenüberliegenden Platzes beobachteten. Eine Marschsäule von Jägern unter Führung einer Kapelle und einer Trikolore kam in unser Sichtfeld. Es wurde manövriert und kommandiert: »Präsentiert das Gewehr« und »Rührt Euch«, und die Zivilisten nahmen alle ehrerbietig den Hut ab, während die »Marseillaise« und »God save the King« erklangen. Diese Wachablösung vor der Kommandantur bedeutete, daß der britische Lametta-Träger seinen Monat als Befehlshaber der Wiener Innenstadt abgesessen hatte und nun seinem französischen Kollegen Platz machte. Die schlecht gekleideten und schlecht ernährten Zivilisten um mich herum, manche von ihnen mit Aktentaschen unter dem Arm, warteten offensichtlich zum großen Teil darauf, daß das militärische Brimborium ein Ende nehme, um sich dann vor einem der alliierten Büros der Kommandantur in die Warteschlange einzureihen. Auf ihren Gesichtern war keinerlei Ungeduld zu lesen. Einige schienen dem militärischen Schauspiel sogar mit gewissem Entzücken zuzusehen.

Ich bat meinen deutschsprechenden Freund, den graugesichtigen Mann im grünen Tirolerhut zu fragen, wie er es gefunden habe.

»Schön«, antwortete der verschmitzt. »Es macht einem gute Laune.«

Und der kleine Mann mit den gelben Zähnen und dem dünnen Schnurrbart sagte: »Ich denke an Glas, an Fensterglas. Die Briten haben uns Fensterglas versprochen. Und jetzt, unter den Franzosen, werden wir jetzt welches bekommen? Kann man denn an irgend etwas anderes denken?«

Mein Freund wollte mir den berühmten tiefen Luftschutzkeller zeigen, den Baldur von Schirach draußen am Stadtrand, wo der legendäre Wienerwald beginnt, gebaut hatte. Unterwegs hielten wir vor einer Schule. Diese Schule befand sich in dem Arbeiterwohnviertel, in dem der Österreicher wohnte, der unseren Jeep steuerte, ein ehemaliger Taxifahrer. Es sei eine sehr gute Schule, meinte er, denn sie habe Glas in den Fenstern. Sehr wenige Schulen verfügten über Fensterglas. Wir fragten ihn, ob er Kinder habe. Nein, sagte er, aber sein Schwager, bei dem er eingezogen war, als sein Haus zerbombt wurde, der habe welche. Er und seine Frau nicht. In Zeiten wie diesen könne man Gott dafür dankbar sein.

Der Rektor der Schule war ein untersetzter Mann mit sehr kurz geschnittenem grauen Haar und einem gestutzten Schnurrbart. Er trug ein graues Kamelhaar-Jackett. Er erklärte uns mit einem gewissen Stolz, er sei seit vierzig Jahren in dieser Schule. Zuerst als Schüler, dann als Lehrer und nun als Rektor. Ich bat meinen Freund, ihn so taktvoll wie möglich zu fragen, wie es ihm gelungen sei, all die politischen Wetterwechsel durchzustehen, die Wien in diesen Jahren durchgemacht habe. »Politik und Pädagogik haben nichts miteinander zu tun«, antwortete er pikiert und machte eine Unschuldsgeste.

Dann fragte er mit zuvorkommendem Lächeln, ob die amerikanischen Offiziere nicht Lust hätten, sich die Englischklassen anzusehen.

In dem ersten Klassenzimmer, das wir betraten, war eine Lehrerin, eine großgewachsene Frau mit dunklen Augenbrauen, die offensichtlich alle Kleider, die sie besaß, übereinander trug, was sie nicht hinderte, in der Kälte, die hier herrschte, zu zittern, daß ihr die Zähne aufeinanderschlugen, während sie sprach. Die Kinder – es handelte sich um eine Klasse kleiner Jungs von vielleicht acht oder neun Jahren – wirkten zwar nicht gerade, als seien sie am verhungern, aber gut genährt sahen sie auch nicht aus. Jedenfalls waren sie eindeutig in schlechterem Zustand als die Kinder, die wir vor ein paar Tagen in Nürnberg gesehen hatten.

»Natürlich haben wir hier immer Englisch gelehrt«, sagte der Rektor in seinem schmeichelnden Flüsterton, »aber nun haben wir den Englischunterricht noch intensiviert und lehren in den höheren Klassen auch Russisch.« Die schlotternde Lehrerin hieß einen der armen kleinen rotäugigen Wichte aufstehen und einen englischen Reim vorsprechen, in dem es um eine Miezekatze ging, die gemütlich am warmen Ofen saß. Mir kamen beinahe die Tränen.

»Das Problem ist«, sagte der Rektor, während er uns hinunter in die Eingangshalle begleitete, »daß wir wegen der Kälte bald werden schließen müssen, und wo sollen die Kinder dann hin? Sie kommen jetzt schon früh am Morgen her, um ihre Hausaufgaben zu machen, weil es hier wärmer ist als bei ihnen zu Hause. Zu Hause haben die gar nichts. Verstehen Sie« – und er rieb, zufrieden mit sich selbst, die Hände – »hier haben wir Glas in den Fenstern.«

Als wir endlich zu dem Polizeirevier kamen, wo ein Polizeiinspektor uns den Schlüssel zu Baldur von Schirachs Luftschutzkeller aushändigen sollte, hatte es wieder zu regnen begonnen. Dieses Revier befand sich in der französischen Zone. Als wir den großen Amtsraum betraten, der auf halber Höhe von einem breiten Tresen geteilt war, platzten wir mitten in eine verworrene Szene.

Ein stämmiger junger Mann mit einem schweren, steinernen Gesicht, der Zivilkleidung trug, wurde von zwei jungen, blonden, österreichischen Polizisten gegen den Tresen gedrückt. Drumherum tummelte sich ein Gemenge aus Wiener Schaulustigen und lokalen Kripobeamten, die aussahen wie die Holzmarionetten eines alten Kasperltheaters. Und alle redeten zugleich und auf deutsch. Hinter dem Tresen stand eine Gruppe gestikulierender Franzosen in allen Variationen französischer Uniformen und redete auf französisch auf einen untersetzten Jungen ein, einen Typen mit feinem gelockten Haar in der Uniform eines einfachen russischen Soldaten, der selbst eine Rede hielt, in einer Sprache, die vermutlich Russisch war. Er war so ernst, daß ihm dauernd die Tränen in die Augen traten. Er wiederholte ewig dieselben Sätze und machte dieselben Gesten dazu, indem er zunächst den Zeigefinger hoch hinaufschwang, wie die Statuen Lenins, um ihn dann in einer scharfen Bewegung hinunter auf seine Brust fallen zu lassen. In seiner freien Hand hielt er irgend jemandes Ausweis, den er von Zeit zu Zeit vor den Köpfen der österreichischen Polizisten schwenkte.

Damit nicht genug, drang nun auch noch durch die offene Tür eines der Büros als lärmender Kontrapunkt das Echo eines auf französisch ausgetragenen Streits. Der Häftling mit dem steinernen Gesicht sagte keinen Ton. Der Inspektor sei untröstlich, trug uns einer der österreichischen Kripoleute zu, aber könnten wir vielleicht in einer halben Stunde wiederkommen. Er sei momentan überfordert.

Als wir uns zurückzogen, geriet ich mit einem Franzosen ins Gespräch, der ein großes blaues Käppi trug. »Qu'ils nous emmerdent ces russes« rief er entnervt. »Jeden Tag, alle halbe Stunde ist es das gleiche... Die Russen haben jemand vergewaltigt. Die Russen haben eine alte Frau auf der Straße niedergeschlagen und stehlen ihr die Kleider. Die Russen plündern ein Haus aus... Zwei unserer eigenen Inspektoren sind in einem Hauseingang geschnappt und bis auf die Unterhosen ausgezogen worden. Ein Mann geht mit seiner Frau nach Hause und muß mitansehen, wie sie vor seinen Augen vergewaltigt wird. Ein kleines Kind von neun Jahren liefert sich Feuergefechte mit den Polypen wie im Wilden Westen. Jemand kauft einen Korb Bohnen, und sie brechen in seine Wohnung ein und stehlen sie... Monsieur, es ist ermüdend... Das Leben in Wien ist ermüdend.«

Wir gingen in ein Café in der Nähe, um darauf zu warten, daß der Inspektor einen Augenblick Ruhe fände. Das Café war in Betrieb, sah aber aus, als sei es seit Jahren geschlossen. Der Boden war nicht gewischt. Die Sprungfedern kamen durch die Polster der Sitzbänke. Die Marmortischchen hatten Sprünge unter ihrer dichten Dreckschicht. Und es schien sogar noch kälter zu sein, hier drinnen, als im eisigen Nieselregen draußen auf der Straße. Der Kellner war sehr höflich und hielt einen pathetischen Abglanz des früheren Service aufrecht. Er brachte uns Wassergläser mit unserem Ersatzkaffee, das ganze auf einem hübschen Tablett mit Henkeln, auf dem früher einmal Zucker und Sahne gereicht worden waren. Im Sahneschälchen befand sich etwas zusätzliches heißes Wasser.

Wir hatten gerade ein Gespräch mit dem Kellner über das miese Wetter begonnen, als ein Freund des Mannes, der für mich dolmetschte, an unseren Tisch trat und mir als Journalist vorgestellt wurde. Es handelte sich um einen dünnen Mann unbestimmbaren Alters, mit langem faltigen, rhombischen Gesicht und falben Lippen. Er hatte einen Mittelscheitel und trug ein altmodisches, schwarzgerahmtes Pincenez. Wir luden ihn auf eine Tasse Ersatzkaffee zu uns ein.

»Woraus besteht er?« fragte ich.

»Das ist unser Geheimnis«, sagte er lächelnd.

Ich fragte ihn, welche ihrer Befreier die Wiener am liebsten hätten.

Die Franzosen, antwortete er wie aus der Pistole geschossen, weil es so wenige von ihnen gebe. Ich möge verzeihen, fuhr er fort, aber er müsse einfach über die bittere Desillusionierung der Wiener sprechen. Sie hatten zuviel von ihren Befreiern erwartet. Sie hatten erwartet, daß die Amerikaner Nahrungsmittel mitbrächten und ihre abgeklärte Effizienz in Verwaltungsdingen. Sie hatten erwartet, daß die Russen neue Ideen mitbrächten, neue Dinge, schreckliche Dinge vielleicht, aber immerhin neue. Aber keiner von ihnen hatte irgend etwas Neues oder Effizientes mitgebracht. Aushungern, Plünderei, Mord und Vergewaltigung waren schwerlich etwas Neues. Der Amtsschimmel war gewiß nichts Neues. Jetzt begannen die Dinge sich langsam zu bessern. General Konev hatte einen großen Empfang gegeben und war, von

Scheinwerfern angestrahlt, Arm in Arm mit General Clark oben auf einer Freitreppe in der Hofburg erschienen, ganz wie in Hollywood. Vielleicht würden die Befreier jetzt ein wenig mehr miteinander reden, um zu Ergebnissen zu kommen... General Clark war ein sehr gutaussehender Mann. Die Wiener liebten gutaussehende Männer. Es gab sogar eine Anekdote, daß er lange Gänge durch die Stadt mache, nur von einem einzigen Soldaten als Dolmetscher begleitet und mit den Leuten auf der Straße redete und nach ihrem Ergehen fragte.

Die Anekdote sei wahr, bestätigte ich.

»Wenn wir an Konev denken, kommen uns Maschinenpistolen und Scheinwerfer in den Sinn«, sagte der Wiener Journalist. »Aber wenn wir an Clark denken, dann wie an einen Freund... Und natürlich sind unsere Freunde uns teuer... Aber nun stellen Sie sich vor, Sie haben einen Freund, der nicht in der Lage ist, irgend etwas für Sie zu tun. Und wir können nicht warten. Wir gehen unter. Er sagt andauernd zu General Konev: »Helfen wir den armen Wienern. Krempeln wir die Ärmel hoch und helfen Österreich wieder auf«, und Konev tritt unter die Scheinwerfer, setzt ein Lächeln auf und sagt: »Ja, fangen wir an damit«, aber dann merkt man, daß Konev nicht alleine ist. Da ist noch ein anderer, und der sagt Nein. Da ist nämlich noch Herr Djeltov, der große stiernackige Mann aus dem Kreml, und wenn der Nein sagt, dann bleibt es bei Nein.«

Der Kellner stand neben uns und hörte stirnrunzelnd zu.

Der Journalist ließ ein schrilles Gelächter hören. »Sie müssen das nicht so ernst nehmen, was wir Wiener sagen«, meinte er dann in einem anderen Ton. Mein Dolmetscher schien aufzuatmen. Die Falten verschwanden von der Stirn des Kellners. »Wir sind ein bißchen schwach im Kopf, weil wir nicht genug im Magen haben.«

»Die Leute hier in Wien«, sagte mein Dolmetscher entschuldigend, als wir das Café verlassen hatten, »haben wieder angefangen zu reden. Nach all den Jahren steigt das zu Kopfe.«

Als wir das Polizeirevier eine Dreiviertelstunde nach unserem Abschied wieder betraten, fanden wir alle Akteure noch immer zu beiden Seiten des Tresens versammelt. Sie waren etwas ruhiger geworden. Die Mitte der Bühne wurde von zwei russischen Offizieren der Militärpolizei eingenommen, die mit weißen undurchschaubaren Gesichtern und ernster Miene zuhörten, was ihnen einer der Kripobeamten auf deutsch erklärte.

Der Inspektor, ein jüngerer Mann mit zerzaustem Blondschopf, der so überfordert wirkte wie ein Turnlehrer, der verzweifelt versucht, an einer Oberschule ein Schauspiel einzustudieren, während die Schüler über die Stränge schlagen, schoß auf uns zu, überschlug sich vor Entschuldigungen und teilte meinem Dolmetscher atemlos mit, daß die Wahrheit soeben dabei sei, ans Licht zu kommen. Der junge Mann mit dem steinernen Gesicht war ein Russe, der wegen Plünderei verhaftet worden war, aber niemand wußte, ob es sich bei ihm um einen Deserteur der Roten Armee handelte oder der pro-deutschen Wlassow-Armee oder ob ihn die Deutschen als Zwangsarbeiter nach Wien verschleppt hatten. »Die Papiere widersprechen einander. Das Übersetzen gestaltet sich schwierig.« Der junge russische Soldat hatte der Verhaftung beigewohnt und war eingeschritten. Dieser Mann sei ein Sowjetbürger, hatte er gesagt, und die Österreicher hätten kein Recht, ihn festzunehmen. Und jetzt versuchten die russischen Offiziere herauszufinden, was es wirklich mit ihm auf sich hatte.

Bis mein Freund mir all dies auf englisch erzählt hatte, hatte der Inspektor schon angefangen, auf französisch auf mich einzureden. Wenn es uns nichts ausmache, möchten wir uns den Luftschutzraum im Wienerwald doch bitte einen anderen Tag ansehen. Er selbst sei untröstlich, aber er könne nicht fort hier. Er mußte all das hier auf französisch seinem französischen Vorgesetzten erklären, der im Büro nebenan wartete, aber vorerst konnte er noch nichts erklären, weil die Russen sich noch nicht entschieden hatten, ob der junge Mann ein Deserteur sei oder ein Kriegsgefangener oder eine *displaced person.*

»Hatte er denn keine Papiere bei sich?« fragte ich.

Papiere, gewiß, aber es gab ja so viele verschiedene Papiere. Und die Russen hatten gewisse Schwierigkeiten, russisch zu lesen.

Aus dem hinten liegenden Büro drangen drohende Laute auf französisch. Der Inspektor lief in die Richtung los, aus der sie kamen und raufte sich das lockige Haar mit den Fäusten.

In der Zwischenzeit hatte der Häftling sich auf eine Bank gesetzt und begonnen zu krächzen, in einer Sprache, die entfernt an Deutsch erinnerte. Er will aufs Klo, flüsterte mein Dolmetscher mir ins Ohr, als sei er dabei, mir die Handlung eines Theaterstücks zu übersetzen. Als der junge russische Soldat bemerkte, wie zwei Polizisten den Sowjetbürger hinausführten, warf er sich wieder in die Brust. Diesmal ging seine Rede an die Adresse der beiden russischen Militärpolizei-Offiziere. Jedermann versuchte ihm klarzumachen, daß der andere nicht weit weg geführt wurde. Aber er wollte sich nicht trösten lassen. Tränen stürzten ihm aus den Augen. Ganz zuletzt, als wir die Wache verließen, sahen wir ihn noch, wie er »Sowjetbürger« schrie und dastand, die rechte Hand mit dem ausgestreckten Zeigefinger hoch über seinen Kopf erhoben, wie die Lenin-Statuen.

Wien, den 10. November 1945

3

Nürnberger Tagebuch

Nürnberg, den 19. November

Es ist ein schöner, kalter Tag. Scharfes Sonnenlicht läßt jedes Detail der Trümmerberge der alten Stadt der Spielzeugmacher und Meistersinger klar hervortreten. Es hebt die hochgeschwungenen, schlanken Bögen zerstörter Kirchen hervor, es zeichnet die Kanten zerbrochener Renaissance-Gesimse nach. Auf einem leeren Fleck zwischen den Trümmern bei der Bronzestatue Albrecht Dürers aus dem 19. Jahrhundert ist eine Gruppe Frauen, in Mäntel und Pullover gehüllt und von einer Schar blonder Kinder umgeben, dabei, Kartoffeln in einem Behelfsofen zu kochen, der aus einem Stück Zinkblech von irgendeinem Dach gefertigt ist. Wir fragen sie, wo sie wohnen. Sie deuten auf den Betoneingang eines Luftschutzkellers, der sich neben dem geborstenen Sockel des Denkmals öffnet. Ein Mann, mit dem wir reden, ist soeben aus Breslau eingetroffen. Er war Bauer, und die Polen haben ihn enteignet. Als wir uns zum Gehen wenden, fällt ein kleiner Steinhagel in unsere Richtung. Es sind ein paar größere Kinder, die auf einem Schutthaufen spielen. Als wir zu ihnen blicken, stieben sie auseinander, um sich außer Sichtweite hinter wackligen Häusermauern zu verbergen. Ein Stück weiter die Straße runter starrt uns von einer Mauerwand ein frisch aufgemaltes Hakenkreuz entgegen.

Vor dem voluminösen, in nachgeahmtem mittelalterlichen Stil gehaltenen Gebäude des ehemaligen bayerischen Justizpalastes stehen die Jeeps, die Stabslimousinen und umfunktionierte deutsche Busse kreuz und quer. Militärpolizei prüft alle Passierscheine. Ein Panzer mit aufgemaltem Stern schmiegt sich neben dem Haupteingang lässig an die Mauer. Drinnen hallt Sägegeräusch durch die langen Korridorgewölbe. Deutsche Kriegsgefangene stehen auf Trittleitern und versehen die Wände mit einem frischen Anstrich. Ganze Bataillone deutscher Putzfrauen in sauberen Kleidern und dicken Wollstrümpfen, die in schweren Stiefeln stecken, schrubben die Marmorböden. Und mit hallenden Schritten eilen uniformierte und zivile Amerikaner durch die Gänge – allen steht ihre Washingtoner Herkunft auf dem Gesicht geschrieben.

Die Gewölbe schallen wider vom lustigen Klick-Klack der Absätze der amerikanischen Sekretärinnen. Dann gibt es französische Reporterinnen in hochgetürmten Pariser Turbanen. Es gibt Russen und flüsternde Briten. Alle Uniformen der vier Mächte sind hier zu finden. Es gibt eine Poststelle und eine Snackbar und eine Cafeteria im Washingtoner Stil. Die Büros sind nach amerikanischer Art möbliert, aber die dicken Steinmauern der hallenden Korridore dieses alten deutschen Gerichtshauses und Gefängnisses schwitzen etwas undefinierbar Elendes aus, fremd und teutonisch.

Es ist der Tag vor Prozeßbeginn. Die Nerven aller Leute liegen ein wenig bloß. Sie wiegen die Köpfe und erzählen einem, daß der Prozeß nicht pünktlich beginnen wird. Die Franzosen sind schlecht gelaunt. Die Russen haben um Aufschub gebeten. Bei den Pressekonferenzen kommt nichts Klares heraus. In dem frisch renovierten Gerichtssaal mit seinen salbeigrünen Vorhängen und karminrot gepolsterten Stühlen scheint die Kostümprobe eines Laienspieltheaters stattzufinden. Dolmetscher sitzen hinter ihren Glasscheiben und testen die Kopfhörer. Elektriker prüfen das Funktionieren der großen Lichtersträuße, die von der Decke hängen. Ein amerikanischer Sergeant mit der eifrigen Miene eines Requisiteurs glättet die vier Flaggen, die hinter dem Richterpodium stehen werden. Wachen mit weißen Helmen auf dem Kopf, weißen Schlagstöcken und weißen Pistolentaschen werden auf ihre Posten gewiesen. Die Darsteller sind nervös, Auf- und Abtritte klappen noch nicht. Wie können wir morgen so den Vorhang hochgehen lassen?

Am Ende des langen Korridors gibt es ein leeres Büro, aus dem man durch ein zerbrochenes Fenster auf eine Art kleinen Exerzierhof hinunterblicken kann, der mit schmächtigen Bäumchen bewachsen ist und dessen Grasstreifen durch die kreuz und quer hindurchführenden zementierten Wege wie Teile aus einem Puzzle wirken. Dort drehen einige Männer, in amerikanische Armeeblousons gekleidet, in abgehackten, schnellen Schritten ihre Runden, dabei immer einen gleichmäßigen Abstand zueinander haltend. Amerikanische Wachposten bewegen sich konzentriert zwischen ihnen hindurch. Wir können sehen, wie der Gewehrlauf des Postens auf der

Brüstung unterhalb von uns den Bewegungen folgt. Wir sehen den Männern eine Weile schweigend zu, in einigem Abstand vom Fenster, damit der Posten uns nicht entdeckt. »Komisch, sich vorzustellen, daß diese Jungs in ein paar Monaten hängen werden«, platzt es aus einem von uns heraus. »Sie sehen stinknormal aus.«

»Trotz all meiner Bemühungen«, erklärte Colonel Andrus während seiner nachmittäglichen Pressekonferenz, »ist einer meiner Gefangenen krank geworden.« Der Colonel wirkte, als sei er über diese Tatsache untröstlich. Colonel Andrus – der es haßte, »der Schließer« genannt zu werden, obwohl er genau das war – war ein Mensch mit einem runden Gesicht und einem gestutzten Schnurrbart, ein Brillenträger, der immer ein wenig beunruhigt wirkte. Er besaß ein schüchternes Lächeln. Sein Bürstenschnitt verlieh ihm etwas Jungenhaftes, das nicht recht zu ihm passen wollte. Von den Gefangenen sprach er, als handle es sich um wertvolle, wenn auch gefährliche Exemplare einer zoologischen Gattung, die man um jeden Preis bei guter Gesundheit zu halten habe. Vielleicht war es die intensive Beschäftigung mit seiner Aufgabe, die seine ehemals wohl freundlichen und entwaffnenden Manieren zu militärischer Förmlichkeit geschliffen hatte. Bei dem Gefangenen, von dem er sprach, handelte es sich um Kaltenbrunner. Er fügte noch hinzu:

»Ein kleines Blutgefäß im hinteren Teil des Hirns ist geplatzt. Ich werde Ihnen den lateinischen Namen vorlesen. Es ist nicht wirklich gefährlich... Wäre es ernster gewesen, hätte es tödlich ausgehen können. Aber er wird morgen keinesfalls vor Gericht erscheinen können. Die kleine Blutung ist gestoppt, aber er wird einige Zeit völlige Ruhe brauchen.«

»Hat er irgendwas gesagt?« wollte ein Reporter wissen.

Der Colonel hob einen Zettel von seinem Schreibtisch hoch und las langsam und deutlich ab, was daraufstand: »›Es tut mir außerordentlich leid, morgen nicht vor Gericht stehen zu können‹«, das war's, was der Gefangene gesagt hat.«

»Wie läßt sich dieser Anfall erklären?« fragte ein anderer Journalist.

»Der Anfall ist die Folge einer emotionalen Streßsituation. Er hat sich die letzten drei Wochen in hysterischem Zustand befunden. Er hatte Schreikrämpfe in seiner Zelle. Er ist der brutal-sentimentale Typus, hart und rücksichtslos, solange er die Oberhand hat und wenn er sie nicht mehr hat, weint er und windet sich auf der Erde«, antwortete der Colonel. »Die Angst und Aufregung letzthin hat ihn sehr mitgenommen.«

Nein, in welches Krankenhaus man ihn verlegt hatte, konnte Colonel Andrus nicht sagen. Er erhalte angemessene Betreuung in einem Armee-Hospital der Vereinigten Staaten, das sei alles, was er sagen könne. Ansonsten sei das Verhalten der übrigen Sträflinge durchgehend korrekt gewesen. Der Gesundheitszustand, das Gewicht und der allgemeine physische Eindruck von Hess habe sich seit seiner Einlieferung merklich gebessert. Er klage über Darmkrämpfe... Frank war mit einer teilweisen Lähmung des linken Handgelenks eingetroffen, die auf selbst beigebrachte Wunden zurückzuführen sei... Das hatte sich dank einer Wärmebestrahlung gebessert... Der Zustand Fricks war allgemein unbefriedigend, er war zwar nicht wirklich krank, aber auch nicht besonders kräftig... Funk hatte über eine ganz Palette verschiedener Wehwehs geklagt, die größtenteils eingebildet waren... Göring hatte zugegeben, sich in besserer Form zu befinden als irgendwann während der letzten zwanzig Jahre. Er hatte einen Drogenentzug hinter sich. Sein nervöses Herzrasen war verschwunden. Er war auf 220 Pfund herunter. Er litt unter keinerlei organischer Herzschwäche... Jodls Hexenschuß war mittels Wärmebestrahlung kuriert worden... Keitel hatte, aufgrund von mangelnder Bewegung, über Plattfüße geklagt. Dem war nun durch genügend Bewegung abgeholfen worden... Von Ribbentrop hatte unter Neuralgien gelitten, die durch Wärmebestrahlung zurückgegangen waren...«

»Wo sind diese Wärmebestrahlungen durchgeführt worden?«

»Alle in den jeweiligen Zellen.«

»Colonel, welche Kleidung werden die Häftlinge tragen?«

»Das ist nicht ganz leicht gewesen. Ich habe Kleidung für sie organisieren müssen. Diejenigen, die vorzeigbare Uniformen besitzen, werden sie tragen, aber ohne jegliche Rangabzeichen. Diejenigen, die keine eigene Kleidung haben, sind mit unauffällig grauen Zivilanzügen und feingestreiften Hemden ausgestattet worden.«

»In welchem Gemütszustand befinden sie sich, Colonel?«

»Die Häftlinge zeigen keinerlei Gefühle. Sie wirken nachdenklich... Sie stehen um sieben Uhr auf und müssen ihre Zelle mit einem Besen und einem Mop säubern. Zum Frühstück bekommen sie Haferflocken... Heute haben sie zum Mittagessen Suppe, Hackfleisch, Spaghetti und Kaffee bekommen. Heute abend gibt es Bohnen-Stew, Brot und Tee. Es handelt sich bei all ihren Speisen um amerikanische Armeekost. Zunächst hatten wir sie mit den entsprechenden deutschen Rationen ernähren wollen, aber die waren nicht nahrhaft genug... Nein, die Häftlinge haben weder Messer noch Gabeln. Sie essen mit einem Löffel, der ihnen sofort nach jeder Mahlzeit wieder abgenommen wird.«

»Vielen Dank, Colonel Andrus.«

Und der Colonel lächelte sein schüchternes Lächeln.

Nürnberg, den 20. November

Wenn man aus der rauhen Luft des grauen Tages eintritt, wirkt der Gerichtssaal warm, luxuriös und glänzt in seidigem weißen Licht. Die Häftlinge sind bereits anwesend, sie sitzen in zwei Reihen unterhalb einer Reihe frischer, junger amerikanischer Wachen in weißen Helmen. Die Wachen stehen ebenso stramm und haben den gleichen ernsthaften Gesichtsausdruck, wie die Basketball-Mannschaft einer Highschool, die sich für ein Gruppenphoto zurechtstellt.

Und da, wie zusammengeschrumpelt und von der Niederlage entstellt, sind all die Gesichter, die einem jahrelang von den Titelseiten der Weltpresse anblitzten. Da sitzt Göring in einer perlgrauen, doppelreihigen Uniform mit Messingknöpfen und dem verhutzelten, an einen halbleeren Luftballon erinnernden Aussehen des fetten Mannes, der zu schnell zuviel Gewicht verloren hat. Das kalkige Kittgesicht von Hess ist so vom Fleisch gefallen, daß es nur mehr aus einer spitzen Nase und tiefen Augenhöhlen zu bestehen scheint. Ribbentrop, hinter seinen dunklen Brillengläsern, wirkt so unbehaglich und in die Enge gedrängt wie ein beim Schwindeln ertappter Bankkassierer. Streicher ist die widerliche Karikatur eines lüsternen Greises. Funk ist ein kleiner runder Mann mit den Hängebacken und den furchtsamen Augen eines geprügelten Hundes. Schachts verächtlicher Blick ist der eines wütenden Walrosses. Die Soldaten unter ihnen sitzen schweigend und kerzengerade da. Mit Ausnahme von Hess, der in sich zusammengesunken ist, als befinde er sich im Koma, tragen alle Angeklagten eine locker erwartungsvolle Miene zur Schau, als wären sie die Zuschauer des Stücks und nicht dessen Akteure. Göring gefällt sich darin, den Zeremonienmeister zu spielen. Er sieht sich jede Einzelheit des Gerichtssaales mit beifälligem Interesse an. Manchmal nimmt sein Gesicht den unverschämten Ausdruck eines ehemaligen Säufers an. Jedenfalls scheint er entschlossen, er selbst zu sein. Er verneigt sich in Richtung einer amerikanischen Dame auf der Pressetribüne, die er kennt. Sein Gesichtsausdruck ist zugleich durchtrieben, genialisch, extrovertiert und auf schlaue Art von sich selbst eingenommen – es ist das Gesicht eines Schauspielers. Es entbehrt nicht eines gewissen Charmes. Nero muß so ein Gesicht gehabt haben. Während der Saal auf den Eintritt des Gerichts wartet, bewegt sich ein pummeliger amerikanischer Matrose mit einem Wust roten Haars und den Bewegungen eines Schaufensterdekorateurs gutgelaunt und sicheren Schritts zwischen den Angeklagten hin und her und kontrolliert ihre Kopfhörer.

»Aach-TUNG!« ruft ein Mann in einem altertümlichen Gehrock. Die Richter strömen herein, ihre Münder so verkniffen wie die geschlossenen Kiefer eines Nußknackers. Zunächst treten zwei Franzosen ein, einer davon mit buschigem Clemenceau-Schnauzer. Danach die zwei Amerikaner. Das Licht reflektiert auf Francis Biddles hoher Stirn über dem langen scheinheiligen Gesicht mit der schmalen Nase. Dann kommen die beiden Briten mit ihrem unbeschreiblichen Look, direkt aus den Inns of Court des 19. Jahrhunderts, wie von Hogarth gemalt. Und zum Schluß die beiden uniformierten Russen, die wesentlich jünger wirken als die übrigen.

Im Gerichtssaal ist es mucksmäuschenstill. Die beiden britischen Richter deuten eine Verbeugung in Richtung des bunten Haufens der deutschen Verteidiger an, die vor den Angeklagten auf langen Bänken sitzen, einige von ihnen in schwarzen Roben und purpurnen Baretten, andere in Zivil. Einer trägt den purpurnen Umhang eines Rechtsprofessors. Lord Justice Lawrence hebt zu sprechen an, seine Stimme ist leise, präzise, er redet in beiläufigem Ton.

In den Kopfhörern hallt es wider. Zunächst rasseln die Stimmen von weit her, als kämen sie von tief unten, vom Ende eines hallenden Gefängniskorridors. Dann werden sie deutlich. Die Akustik des Gerichtssaales ist so gut, daß man die Kopfhörer nur für die Übersetzungen braucht.

Sidney Alderman hat begonnen, die Anklageschrift zu verlesen. Ein Engländer nimmt seinen Platz ein, dann ein Franzose, dann ein Russe. Die Verlesung dauert den ganzen Tag. Aus den Stimmen der Staatsanwälte, aus den gespannten atemlosen Stimmen der Dolmetscher formt sich in unseren Ohren langsam ein Refrain: »...Erschießungen, Verhungern lassen, Folter... gefoltert und ermordet... Erschießungen, Prügel und Erhängungen... Erschießungen, Verhungern lassen und Folter...«

Göring, mit Märtyrermiene, schüttelt den Kopf. Streicher kann ein nervöses Zucken der Mundwinkel nicht unter Kontrolle bringen. Keitel, der mehr denn je an einen Feldwebel erinnert, kaut mit starrem Gesicht an einem Stück Brot. Rosenberg fährt unvermittelt hoch, sobald sein Name genannt wird, nestelt an seinem Hemdkragen und streicht seine Krawatte glatt. Von Zeit zu Zeit fletscht er wie ein Hund die Zähne, indem er nervös Ober- und Unterlippe zurückzieht.

»... sowie Verbrechen gegen die Menschlichkeit und auf Hoher See...«

Nürnberg, den 21. November

Richter Lawrence hat einen Einspruch der Verteidigung abgelehnt, der das Recht des Gerichts zur Rechtsprechung in Frage stellte und hat einer Bitte um Unterbrechung der Verhandlung stattgegeben, damit die Angeklagten sich mit ihren Verteidigern besprechen können, bevor die Plädoyers beginnen. In den verschiedensten Tonarten, von hohnvoll über empört bis mißbilligend, plädieren die Angeklagten auf nicht schuldig.

Robert Jackson tritt ans Mikrophon, um als erster für die Anklage zu sprechen. Er hat eine breite Stirn, und seine Mundwinkel kräuseln sich gutgelaunt. Er trägt runde Brillengläser. Sein um den runden Kopf kurzgeschorenes braunes Haar verleiht ihm etwas Jugendliches. Er scheint völlig auf seine derzeitige Aufgabe konzentriert.

Er spricht langsam, mit einer ebenmäßigen Stimme, in erklärendem Ton, und nichts in seinem Auftreten deutet darauf hin, daß er sich selbst für wichtiger hält als die Sache.

»Das Privileg, den ersten Prozeß der Weltgeschichte gegen Kriegsverbrechen zu eröffnen, bedeutet zugleich eine schwerwiegende Verantwortung.«

Die Angeklagten, die sich in diesem milden Ton, diesem beiläufigen Auftreten vielleicht täuschen, lauschen zunächst gutgelaunt. Die Tatsache, ihren eigenen Stimmen lauschen zu können, während sie vor Gericht aussagen, scheint sie aufgemuntert zu haben. Sie sind noch immer berühmte Männer. Görings breite Züge haben den Ausdruck eines beleidigt schmollenden, verzogenen Kindes verloren, den sie angenommen hatten, als Richter Lawrence ihm nicht gestattet hatte, eine Zwischenbemerkung zu machen. Nun sitzt er zurückgelehnt da und hört mit beinahe nachsichtiger Aufmerksamkeit zu.

»Auf der Anklagebank sitzen zwanzig gebrochene Männer. Die Demütigung jener, die sie geführt haben, lastet beinahe ebenso drückend auf ihnen wie das Elend, das sie über diejenigen brachten, die sie angriffen. Aber mit ihrer Macht, Böses zu tun, ist es für immer vorbei...«

Im Laufe des Tages, und während Jackson logisch, leidenschaftslos und kristallklar seine Anklage gegen sie entfaltet, indem er ihre eigenen Worte, ihre eigenen schriftlichen Befehle als Beweise anführt, geht eine Veränderung mit den Angeklagten vor. Sie wetzen unruhig auf ihren Stühlen. Sie fahren zusammen und werden wie von Krämpfen geschüttelt, wenn sie ihre eigenen Worte aus ihren geheimen Tagebüchern gegen sie selbst zitiert hören. Als der Staatsanwalt bei den Verbrechen gegen die Juden anlangt, sind alle vor Anspannung erstarrt.

Die Stimme der deutschen Dolmetscherin folgt der des Staatsanwalts wie ein schrilles Echo der Vergeltung auf dem Fuße. Hinter der gläsernen Trennwand neben der Box der Häftlinge ist das angespannte Gesicht der dunkelhaarigen Frau, die übersetzen muß, zwischen glänzenden Kopfhörern zu sehen. Ihr Gesicht ist eine Maske des Schreckens. Manchmal scheint ihre Kehle wie zugeschnürt, so daß sie Mühe hat, die entsetzlichen Worte auszusprechen.

Jetzt krümmen sie sich. Franks dunkle Augen scheinen aus ihren Höhlen springen zu wollen. Rosenberg fährt sich mit den steifen Fingern einer Hand von oben nach unten übers Gesicht. Schachts Züge wirken, als sei er, ohne zu schlafen, in einem Alptraum befangen. Streichers Kopf hängt weit über seine Schulter, als wolle er jeden Augenblick vom Körper fallen.

Jackson fährt ruhig und gefaßt in seiner Beschreibung der Taten von Wahnsinnigen fort. An manchen Stellen kommt etwas wie Verwunderung in seine Stimme, als mache es ihm Mühe, den Dokumenten Glauben zu schenken, aus denen er liest. Es ist die Stimme eines vernünftigen Menschen, den die Verbrechen, die er entdeckt hat, entsetzen. Und ihr Echo, die erstickte, schrille Stimme der Dolmetscherin, sirrt wie eine Stechmücke über den Bänken der Angeklagten.

Die Naziführer starren mit verzerrten Mündern in das grelle Licht des Gerichtssaals. Vielleicht zum ersten Mal haben sie sich selbst mit den Augen gesehen, mit denen die Welt sie sieht.

»... Sie werden mir vorwerfen, Sie um Ihren Schlaf gebracht zu haben... Dies sind die Dinge, die der Menschheit den Magen umgedreht haben...«

Jackson schlägt eine Seite seines Manuskripts um. Die Spannung lockert sich ein wenig, und im Gerichtssaal entsteht Bewegung. Hinter den Glasfenstern unter der Decke sind die verkniffenen Gesichter der Photographen zu sehen. Irgendwoher tönt das sanfte Surren einer Filmkamera. Ein blasser junger Soldat, der wie ein Gymnasiast wirkt, der nach vorne gekommen ist, um dem Lehrer zur Hand zu gehen, rollt auf einer Seitenwand eine weiße Leinwand mit einer Landkarte aus, auf der mit farbigen Pfeilen die verschiedenen Vormarschstadien der Naziangriffe verzeichnet sind. Mit der ruhigen, erklärenden Stimme eines Geschichtslehrers, hebt Jackson zu seiner Darstellung des Angriffs auf Europa an. Von Zeit zu Zeit deutet er auf die Karte.

Die Angeklagten setzen sich interessiert auf. Die Karte zu betrachten ist eine Erholung. Auf manchem Gesicht spielt etwas wie ein Schimmer von Stolz bei dem Gedanken, wie nahe man dem Sieg war. Mittlerweile haben sie auch ihre Gesichtszüge wieder unter Kontrolle. Ribbentrop hat seine Brille abgenommen und reibt sich seine schweren Lider mit den Fingerspitzen. Als Göring zwischen zwei Wachen zur Latrine hinausstolpert, sind seine Schritte unsicher, als könne er plötzlich nicht mehr klar sehen, aber als er zurückkommt, ist sein Gang elastisch und überheblich, und auf seinem fetten Gesicht spielt fast ein Lächeln. Lediglich Hess hängt noch immer in seinem Stuhl, das blaue Kinn auf die Brust gesunken und scheint völlig apathisch.

Österreich, die Tschechoslowakei, Polen, die Geschichte der frühen Kriegsjahre entspinnt sich. Die Angeklagten sitzen breitschultrig und aufrecht da, während ihre Siege aufgezählt werden.

Indem der Nachmittag vergeht, vergessen wir langsam, die aufgereihten Gesichter der Häftlinge zu betrachten. Robert Jackson, dessen Stimme fester und lauter geworden ist, hat begonnen, seine Theorie zu entwickeln, nach der jeder Angriffskrieg an und für sich für das Völkerrecht ein Verbrechen sei.

»Diejenigen, deren Taten gemäß den Prinzipien, die ich dargestellt habe, als verbrecherisch gelten, mit den Strafen zu belegen, die die Gesetze vorsehen, das ist die Verantwortung, die diesem Gericht obliegt. Es ist das erste Gericht in der Geschichte, das sich der schwierigen Aufgabe stellt, sowohl die Probleme verschiedenster Sprachen als auch die widerstreitenden Konzepte der Prozeßführung in unterschiedlichen Rechtssystemen zu überwinden, um zu einem gemeinsamen Urteil zu gelangen... Die wahre Klägerin in diesem Prozeß ist die Zivilisation... Sie deutet auf die Müdigkeit des Fleisches, auf die Erschöpfung all ihrer Ressourcen, auf die Zerstörung all dessen, was schön war und nützlich für die Welt... Und sie fragt, diese Zivilisation, ob das Recht zu träge ist, um Verbrechen von diesem Ausmaß und Kriminellen von dieser Statur anders als hilflos entgegenzutreten...«

Robert Jackson hat aufgehört zu sprechen. Das Gericht erhebt sich. Die Leute stehen langsam und gedankenschwer von ihren Stühlen auf. Ich bezweifle, daß es einen Mann oder eine Frau in diesem Gerichtssaal gibt, die nicht spüren, welch große und mutige Worte hier ausgesprochen wurden. Und wir Amerikaner kommen ein wenig stolz auf unsere Beine, weil es ein Landsmann von uns war, der diese Worte gesprochen hat.

Nürnberg, den 22. November

Gestern Nacht, draußen in dem unmöglichen Schloß, das die Familie Eberhard Fabers sich aus Bleistiftprofiten und Prunkerei in Stein bei Nürnberg baute und das die Besatzungsmächte übernommen haben, um dort die Korrespondenten unterzubringen, die über den Nürnberger Prozeß berichten, stieg ich in dem riesigen und pompösen marmornen Treppenhaus nach oben, sah auf die roten Teppiche und die grellen Mosaike und die Leuchter und die Skulpturen, die aussahen, als wären sie aus Seife geschnitten.

Ich hatte mich mit einigen der französischen Journalisten unterhalten, die den anglo-amerikanischen Plänen betreffs des Prozesses so skeptisch gegenübergestanden hatten, bevor er begann. Nun waren sie voll der Bewunderung über die Art und Weise, wie Robert Jackson die Beweisaufnahme für die Anklage geführt hatte. Sie waren einer Meinung mit mir, daß er hervorragende Arbeit geleistet hatte. In ihren Worten schien ein wiedererwachter Respekt den Amerikanern gegenüber aufzuscheinen. Für sie hatte Jacksons Rede den ethisch begründeten amerikanischen Standpunkt von neuem zur Basis internationalen Rechts gemacht. Es war angenehm, intelligente Europäer anders über Amerikaner sprechen zu hören, als mit Worten, die ihre Verachtung oder ihren Ärger kaum verhehlten. All das machte gute Laune. Auf sein eigenes Land stolz zu sein, ist eines der schönsten Gefühle, die man empfinden kann.

Ich stieg die Treppen hinauf zur Bar, nach einem Kumpel Ausschau haltend, mit dem ich einen Scotch hätte trinken können, als mich auf dem Treppenabsatz vor der Bibliothek ein Unbekannter auf französisch ansprach. Es handelte sich nicht um einen Franzosen, er sprach mit Akzent. Vielleicht ein Pole oder Südslawe. Jedenfalls kam er mit Sicherheit aus Osteuropa. Er war ein mittelgroßer Mann mit dunklen Brauen und einem eckigen, schlecht rasierten Kinn. Er blickte mich aus scharfen schwarzen Augen geradewegs an und stellte mir in respektvollem Ton eine Frage: »Pardon Monsieur, stimmt es, daß Sie sich von dem Verfahren sehr beeindruckt gezeigt haben?«

Seinem Ausdruck nach zu schließen konnte es sich um einen Anwalt oder Professor handeln. Jedenfalls war er offensichtlich jemand, der viel gelesen und viel öffentlich gesprochen hatte.

Falls ich einen Moment Zeit hätte, fügte er höflich hinzu, würde er mir gerne noch einige weitere Fragen stellen. Ich schlug ihm vor, einen Drink mit mir zu nehmen, aber er lehnte ab. Wir stiegen gemeinsam die Treppe hinunter, traten hinaus und wanderten im feuchtkalten Nebel des beflaggten Hofes hin und her, auf dem die Jeeps geparkt waren. Während wir umhergingen, steckte er sich eine Zigarette an. Es war zu dunkel, sein Gesicht zu sehen.

»Ich sage nicht, daß diese Männer nicht verdient hätten zu sterben«, begann er. »Wenn es von mir abhinge, würde ich sie morgen erschießen lassen, aber was ich Sie fragen möchte, als den Repräsentanten einer gewissen Meinung in Ihrem Lande, ist, ob wir irgend etwas dabei gewinnen, zusätzliche Heuchelei auf den immensen Berg von Heuchelei in dieser Welt zu häufen. Gerechtigkeit ist etwas, wonach wir uns in Europa ebenso sehnen wie nach Essen, vielleicht sogar noch mehr. Trägt dieser Prozeß dazu bei, wirkliche Gerechtigkeit zu etablieren?«

Ich sagte, ich dächte wohl. Ich gab natürlich zu, daß wir den Gerichtssaal nicht mit völlig sauberen Händen betreten hatten. Das hätte keine Nation gekonnt. Aber wenn es möglich war , das rechtliche Prinzip festzuschreiben, wonach ein Angriffskrieg ein Verbrechen sei, würde das die Prinzipien der Vereinten Nationen nicht stärken und festigen?

»Sie meinen, daß jedem Krieg eine blutige Ächtung folgen sollte, und nicht nur der Führer der Verliererseite, sondern auch ihrer hilflosen Anhänger. Wenn Sie das Prinzip festschreiben, daß die Naziorganisationen per se kriminell sind, wollen Sie dann jedes einzelne ihrer Mitglieder zum Tode verurteilen?«

Ich versuchte ihm zu sagen, daß wir Angelsachsen glücklicherweise kein logisches Volk seien. Ich gab zu, daß die Trennungslinie zwischen unserem Recht und unserer Heuchelei nicht ganz einfach zu ziehen sei. Allerdings wies ich darauf hin, daß wir mit unseren großen staatlichen Heucheleien manchmal auch wertvolle historische Präzedenzfälle schufen. Charles Stuart bekam keinen fairen Prozeß, aber seine Exekution schrieb in England das Prinzip königlicher Verantwortlichkeit fest.

Wir gingen eine Weile schweigend weiter. Plötzlich fragte er mich scharf:

»Verzeihen Sie mir, wenn ich nachfrage, welcher Verbrechen gegen die Menschheit die Naziführer angeklagt sind, die die Chefs der Alliierten nicht auch begangen oder toleriert hätten. Welche Greueltaten zum Beispiel haben die Nazis begangen, die sich mit Ihren Flächenbombardements der Zivilbevölkerung messen ließen?«

»Sie haben damit angefangen, nicht wahr?«

»Rechtsprechung, Monsieur, befaßt sich mit Fakten. Das Gemetzel in den deutschen Städten war viel größer als in England. Wie können Sie das Massaker an den hilflosen Flüchtlingen in Dresden rechtfertigen? Erlauben Sie mir, uns einen Augenblick dem Verrat friedlicher Staaten zuzuwenden. Was haben die Nazis getan, was sich mit Ihrer Auslieferung Polens, Ihres eigenen Verbündeten, an eine der düstersten totalitären Tyranneien der Geschichte vergleichen läßt? Und muß ich Estland, Lettland, Litauen erwähnen? Vielleicht waren Sie nie in Jugoslawien?«

Er unterbrach sich, setzte aber wieder an, bevor ich noch eine Antwort gefunden hatte.

»Verbrechen gegen die Menschheit«, sagte er bitter... »Ist es nicht ein Verbrechen gegen die Menschheit, zu gestatten, daß fünfzehn Millionen Leute aus ihrer Heimat vertrieben werden, unter der einzigen Anklage, daß sie Deutsche sind? Und in Österreich tun Sie selbst das gleiche. Warum sind Sie Amerikaner so vom Gedanken an Rache besessen? Bei den Russen, die entsetzlich bluten mußten, kann ich es noch verstehen, aber Ihre Städte wurden nicht dem Erdboden gleichgemacht, Ihre Frauen und Kinder sind nicht verhungert oder umgebracht worden. Monsieur, bitte mißverstehen Sie mich nicht; ich hasse die Verbrechen der Nazis, aber wovor ich mich fürchte, ist, daß Sie mit ihrer plausibel klingenden Rhetorik Verbrechen mit dem Siegel der Respektabilität versehen, die denen, die jene Menschen begangen haben, in nichts nachstehen. Und wie, wenn es sich herausstellte, daß Sie aus diesen schrecklichen Männern Märtyrer machten anstatt verurteilte Verbrecher? In einer zivilisierten Gesellschaft rechtfertigt die Tatsache, daß ein Mann versucht, Ihr Haus in Brand zu stecken, nicht, daß Sie das seine abbrennen. Können Sie sicher sein, daß, wenn Sie dieses Prinzip der Rache an den in Europa Besiegten legalisieren, es dann nicht wie ein Lauffeuer den Ozean bis hin nach Amerika überqueren wird? Hilft nicht vielmehr alles, was Sie tun, mit, anstatt die Herrschaft der Gerechtigkeit in Europa zu etablieren, die der Gewalt wahrscheinlich zu machen?«

»Das ist nicht unsere Absicht... Ich bin überzeugt, daß das nicht die Absicht Richter Jacksons ist«, stammelte ich.

»Es war auch nicht die Absicht der Nazis, Deutschland in den Ruin zu stürzen... Sie müssen mir verzeihen, Monsieur, aber Absichten sind nicht genug.«

Ich wußte ihm nicht zu antworten. Ich sagte Gute Nacht, ging zurück ins Schloß und legte mich schweren Herzens schlafen.

Nürnberg, Bayern, den 23. November 1945

4

Der Rückzug aus Europa

Im Schlafwagen von Berlin

Der Zug aus schäbigen, schmuddeligen Mitropa-Schlafwagen stand unter den Kiefern des Vorortbahnhofes, die müde alte Lok puffte von Zeit zu Zeit einen Wattebausch von Dampf in den kalten schieferfarbenen Nachmittagshimmel, durch den der Ostwind pfiff. Es stellte sich heraus, daß wir eine Stunde zu früh da waren. Natürlich hatte es die Pressestelle nicht geschafft, uns Betten zu reservieren. Unsere Namen tauchten auf keiner einzigen Passagierliste auf. Wir sollten uns keine Sorgen machen, tröstete der verschlafene Sergeant uns mit schleppender Stimme, er würde schon was für uns finden. In der Zwischenzeit aber mußten wir uns gedulden, während die Colonels, Majore und Captains erschienen und die Schlafwagen bestiegen. Als die Abfahrt bevorstand, hieß es, es gebe einige Extraabteile. Das erste davon verlor ich per Münzenwurf an einen Leutnant. Das nächste war, wie sich zeigte, von drei weiblichen Soldaten besetzt. Beim dritten klappte es schließlich.

Der Mann, der das zweite Bett im Abteil belegte, war ein amerikanischer College-Professor, der einige Monate mit einem Sonderauftrag in Deutschland verbracht hatte. Ein hochgewachsener grauhaariger Mann mit einer großen Nase in einem breiten, müden und faltenreichen Gesicht und einer zutraulichen Art. Wir kamen sofort in ein Gespräch über die Russen. In Berlin gibt es kaum ein anderes Thema. Wo man auch hingeht, die Russen sind schon da. Er fragte mich, was ich von der Art und Weise hielt, in der unsere Leute in Berlin den Russen gegenübertraten. Ich antwortete, sie sei ein wenig verwirrend.

»Verwirrend!« rief er. »Sie ist völlig schwachsinnig!«

»Wir sollten uns ein bißchen mehr über die Leute schlaumachen, mit denen wir zu tun haben«, sagte der rothaarige Captain, der draußen im Gang stand. Wir baten ihn herein, und er setzte sich auf die Kante des unteren Bettes und legte die Hände auf seine Knie.

»Selbst wenn die Russen allesamt Chorknaben wären«, meinte der Professor, »wäre es riskant, ihnen die Konzessionen zu machen, die wir ihnen machen. Wobei man der Ehrlichkeit halber, und zugunsten der Leute, die uns vertreten, hinzufügen muß, daß die Konferenzen der Großen Drei ihnen eine Situation hinterlassen haben, aus der es keinen Ausweg gibt.«

Er fügte noch hinzu, daß seiner Meinung nach doch wohl mittlerweile zu jedermanns Überzeugung der Beweis erbracht worden sei, daß Appeasement eine gefährliche Sache war. Er könne verstehen, wenn die Amerikaner ihr Interesse an Europa verlören und nach Hause wollten, nicht aber, wie es möglich war, daß eine ganze Nation so schnell in eine Opferrolle schlüpfen konnte...

Wir seien kollektiv ganz genauso wie Chamberlain mit seinem Regenschirm: »Friede in unserer Zeit«.

Ich fragte ihn, was seiner Ansicht nach die Russen von uns dachten.

Er meinte, daß er gewisse Vorstellungen davon habe. Er spreche deutsch, erklärte er, und zwar ziemlich fließend. In seinen Gesprächen mit Deutschen, die unter dem Einfluß russischer Ideen standen, hatte er entdeckt, daß die Kommunisten das gleiche von uns dachten wie die Nazis. Was einer der Gründe dafür war, warum Ex-Nazis und Kommunisten so gut miteinander arbeiten konnten. Sie sprachen von den Amerikanern als von barbarischen Kindern. Sie gaben zu, daß wir fähig gewesen waren, eine effiziente industrielle Organisation aufzubauen, und diese industrielle Organisation habe den Krieg für uns gewonnen. Aber jetzt, so sagten sie, seien wir am Ende. Die Kriegswirtschaft war die letzte große Anstrengung des amerikanischen Kapitalismus gewesen. Unser Lebensstil und unser Geschwätz über Freiheit seien obsolete Heucheleien, Gedanken aus einer überkommenen Epoche. Der Kapitalismus werde an seinen eigenen Widersprüchen scheitern. Als Nation seien wir bereits tot, nur wüßten wir es noch nicht.

»Naja, aus unserer Sicht sind sie vielleicht selbst so ein ganz klein bißchen barbarisch«, meinte der rothaarige Captain. »Gewiß, ein paar von unsern Jungs sind nicht sonderlich wählerisch in ihren Mitteln, aber einen Wettkampf in Barbarei würden die Russen im Sitzen gewinnen.«

»Sie reden nicht von denselben Dingen«, sagte der Professor. »Sie meinen, daß wir hinter der Zeit her sind... daß wir noch immer im 19. Jahrhundert leben. Daß wir die

Welt der Manipulation politischer Macht nicht verstehen... Sie glauben, daß das einzige, wovon wir etwas verstehen, Profite sind... Und seinen Lebenssinn darin zu sehen, Profite zu machen, wirkt kindisch auf Leute, die in einem System großgeworden sind, wo es um die direkte Macht über Leben und Tod anderer Menschen geht... Angewandte Soziologie. Das ist etwas stärkerer Tobak.«

Der Zug rollte langsam durch Potsdam. Wir überquerten einen Kanal, aus dem ein Gewirr geborstener Brücken ragte. Die graue Horizontlinie entlang standen langgestreckte Häuser mit Mansarden, die Fassaden pockennarbig von Einschußlöchern, Fassaden des 18. Jahrhunderts, die so zerbeult und zerrissen waren wie alte Theaterdekorationen, eingestürzte Kuppeln und Glockentürme, zertrümmerte Giebel und abgerissene Kamine an den Enden der Schieferdächer.

»Was ist aus Sanssouci geworden?« fragte ich den Professor.

»Ich weiß nicht«, antwortete er. »Man hört, die Russen wollen es abtragen und Stein für Stein in die Sowjetunion transportieren... Das ist der Ärger mit der Zensur. Hinter dem Vorhang gibt es nichts als Gerüchte, und meistens häßliche... Ich bin in die russische Zone hinter Potsdam reingekommen. Ein Kollege hatte mich darum gebeten herauszufinden, was einem seiner Brüder und dessen Familie zugestoßen war. Tja, ich hab's rausgefunden. Ich hab mit einigen andern Männern einen Jeep organisiert. Wir haben Zigaretten mitgenommen. Jedesmal, wenn wir auf einen russischen Posten gestoßen sind, hab ich ihm ein Päckchen in die Hand gedrückt, und er hat uns durchgelassen. Wir haben die Adresse gefunden. In einem kleinen

Vorort. Die Frau hat uns die Geschichte erzählt. Als die Russen kamen, war sie mit ihrer Schwester und ihrem Mann in der Wohnung. Sie wollte ein paar Decken mitnehmen und sich im Wald verstecken. Er sagte, wozu, man könne ohnehin nur einmal sterben. Eine Bande betrunkener Soldaten hat die Tür aufgebrochen. Sie haben die Frau und ihre Schwester vergewaltigt und den Mann gezwungen, sich auf einen Stuhl zu stellen und zuzusehen. Danach haben sie ihm eine Kugel in den Kopf geschossen.«

Der Zug rollte langsam durch einen Bahnhof voller wartender russischer Soldaten in langen Uniformmänteln. Eine Wand von Gesichtern glitt hinter dem Fenster vorbei, in der Dämmerung war keines klar zu erkennen. Sie sahen zu, wie der amerikanische Zug vorüberrollte. Es gab alle nur erdenklichen Arten Gesichter, aber nirgendwo war ein Lächeln zu sehen.

»Hol's der Teufel«, meinte der Captain. »Ich werd' nicht schlau aus denen.« Er trat wieder auf den Gang hinaus.

»Sie sind gar nicht so anders als andere«, sagte der Professor mit seiner ruhigen, kehligen Stimme, während draußen die Bahnhofsgebäude zurückblieben und der Blick auf eine weite weizenbepflanzte Ebene ging, die sich im abendlichen Nebel verlor. »Wie denn auch«, fuhr er, die Stimme erhebend, fort, als beantworte er eine Frage, die er sich im Geiste selbst gestellt hätte. »Bis auf die wahnwitzige Indoktrination... Schließlich und endlich haben wir ja erfahren, was die Nazis in zwölf Jahren dem deutschen Bewußtsein zufügen konnten. Und die Kommunisten haben ein Vierteljahrhundert Zeit gehabt, das slawische zu bearbeiten.« Er unterbrach sich. »Wir sollten die Russen niemals unterschätzen«, setzte er dann wieder an. Wir saßen da und lauschten dem anschwellenden Gehämmer der Räder über die Schwellen.

»Sie sind eines der begabtesten Völker der Erde. Die Fähigkeiten der Russen sind sehr breit gestreut, aber zwischen ihnen und uns steht der Kreml und die Kreml-Propaganda... Hitler hat schon recht gehabt, was die Macht der Lüge betrifft.«

Der Zug hatte mittlerweile Geschwindigkeit aufgenommen. Dicke Regentropfen wischten über die Scheiben. Es war nun ganz dunkel. Wir bemühten uns, über anderes zu reden.

Nach dem Abendessen lag ich auf meinem Bett und versuchte mir die paar Tage in Berlin in Erinnerung zu rufen. Berlin hatte mich in eine Alptraumstimmung versetzt, die schwer zu beschreiben ist. Die Fahrt von Frankfurt herüber hatte Spaß gemacht. Der Korrespondentenwagen, der mich mitgenommen hatte, hatte in dem kleinen Fachwerkstädtchen Northeim am Rande des Harzes den Geist aufgegeben. Wir waren vom Stadtkommandanten, einem sardonischen, rotgesichtigen Schotten, der sich ein wenig dem Trunk ergeben hatte, in der Herberge der englischen Militärregierung untergebracht worden und nahmen unsere Mahlzeiten in einer Kneipe gegenüber ein, die von einer amerikanischen Eisenbahneinheit geleitet wurde. Der Sergeant war gutgelaunt und freundlich. Er kam aus New Jersey und schien Zugang zu endlosen Biervorräten zu besitzen. Es herrschte eine Atmosphäre wie in einer deutschen Gaststätte in Newark. An diesem Abend fuhr uns der Repräsentant der UN-

Flüchtlingshilfe, der aus Washington kam und seinen Job niederlegen wollte, weil er die Organisation für ineffizient hielt, hinüber nach Göttingen in den Britischen Offiziersclub. Sowohl Göttingen wie Northeim schienen mir normaler und in besserem Zustand als Städte, die ich in der amerikanischen Zone gesehen hatte, obwohl beide vor Flüchtlingen überquollen. Mehr Geschäfte waren geöffnet. Es schien auch mehr elektrisches Licht zu geben. Und in den Schaufenstern der Metzger hingen sogar Wurstgirlanden.

Im Offiziersclub wurden wir mit einer Gruppe aufgeweckter junger Briten bekannt. Einer der jungen Männer verständigte sich offenbar fließend auf russisch und mußte sich jeden Tag mit den Russen über den Austausch von Bevölkerungsgruppen herumschlagen. Göttingen war einer der Orte, wo die Deutschen, die nach Westen in die Britische Zone kamen, auf der Basis von ›einer nach hier, einer nach dort‹ gegen Deutsche ausgetauscht wurden, die nach Osten in die Russische Zone reisen wollten. Der Austausch klappte ganz ordentlich, aber die meisten Leute überquerten die Grenze heimlich durch die Wälder, auf die Gefahr hin, von einem Wachposten abgeschossen zu werden. Die Deutschen nannten das ›die grüne Grenze‹. Wir sprachen darüber, wie es gekommen sei, daß Deutschland zu einer flutenden Masse Heimatloser geworden war, vertriebene Deutsche, Polen, Balten, Ukrainer, Serben, russische Deserteure, Mitglieder der Wlassow-Armee, die auf Hitlers Seite gekämpft hatte, ja sogar Franzosen und Belgier, die aus unerfindlichen Gründen nicht nach Hause wollten. Die Verwaltungen der verschiedenen Zonen konnten keinen wirklichen

Überblick über diesen Prozeß behalten. Schwärme von Menschen erschienen irgendwo, verschwanden wieder, um anderswo erneut aufzutauchen, so mysteriös wie Heringsschwärme in der Nordsee.

»Sie sollten meinen Sergeant Pawlow kennenlernen«, sagte er. »Seine Aufgabe ist es, sich hier mit denjenigen zu befassen, die die Russen Kriegsverbrecher nennen. Die meisten sind lediglich politische Gegner des Regimes. Wir lassen ihm den einen oder andern, wenn er etwas beweisen kann, aber er kann gar nicht genug bekommen. Besonders hat er's auf Esten und Letten abgesehen. Sobald er einen baltischen Intellektuellen riecht, hechelt er wie ein Jagdhund und seine Zähne fangen an zu klappern. Wissen Sie, wie die mit den Zähnen klappern, wenn man ihnen ein Huhn zeigt, an das sie nicht rankommen. ›Nein Pawlow, das da kriegst du nicht‹, sagen wir ihm dann.«

Unsere britischen Freunde waren helle Köpfe, sie waren gut informiert, sie waren die denkbar angenehmste Gesellschaft jugendlicher Studenten, aber sobald sie einige Drinks intus hatten, gelang es ihnen nicht mehr, den Zorn zu verbergen, den sie auf uns Amerikaner hatten. Sie waren unsere Gastgeber und bemühten sich nach Kräften, höflich und freundlich zu sein, aber sobald ihnen der Scotch zu Kopfe stieg, übermannten ihre Emotionen sie. Und das ging ganz anders ab als das sehr plumpe, aber letzlich freundschaftliche Geplänkel und Genecke, wann immer im Pazifik Amerikaner und Australier aufeinandergetroffen waren. Sie konnten nicht anders, als uns für die Diebe ihres Empires zu halten, das ihnen per Geburtsrecht zustand. An diesem Abend wurden ihre Bemerkungen derart persönlich verletzend, daß wir aufatmeten, als es

Zeit war, Abschied zu nehmen und durch den eisigen Nebel nach Northeim zurückzufahren.

Am nächsten Tag, als ich auf britischen Lastern nach Berlin trampte, war das Verhalten der Fahrer und Unteroffiziere mir als einem Amerikaner gegenüber erstaunlich verschieden von dem der Offiziere. Sie waren freundliche und gute Gastgeber, und obschon die unüberwindliche Barriere britischer Zurückhaltung sie davon abhielt, sehr deutlich zu werden, waren sie doch offenbar voller ganz und gar nicht feindlicher Neugierde auf die Vereinigten Staaten und die amerikanische Lebensart. Sie ähnelten eher den Australiern.

Auf dem ersten Laster, der mich bis Braunschweig mitnahm, reisten auch zwei junge dänische Soldaten. Nach all den kriegsverbitterten Europäern, die mir begegnet waren, wirkten die beiden wie Bewohner eines anderen Planeten. Sie waren groß, gutgenährt und sahen gut aus, anstatt rattengesichtig und schwach auf der Brust zu sein. Sie hatten gigantische Schinkenbrote mitgenommen, die sie mit Gott und der Welt teilten. Sie schienen kein bißchen verbittert zu sein, nicht einmal gegenüber den Deutschen. In ihrem radebrechenden Englisch erzählten sie mir von den Kämpfen des dänischen Widerstands, der kriegswichtige Fabriken gesprengt hatte und von der Wut der deutschen Gestapo, wenn sie keine Auskünfte bekommen konnte. Der jüngere der beiden Dänen zeigte mir seine Hände. Er war im Zusammenhang mit solch einer Explosion verhaftet worden. Beamte der Gestapo hatten ihm einen Fingernagel ausgerissen, damit er seine Freunde verrate. Der Nagel begann gerade eben wieder zu wachsen. Er sprach ohne jeden pathetischen Unterton davon. Er zuckte die Achseln, lächelte und zog rasch wieder seinen Fausthandschuh über, als ich anfing, bedauernde Grimassen zu schneiden.

In Braunschweig wechselte ich auf einen Dreitonner über, der Material für das Royal Flying Corps transportierte. Der Fahrer, ein schlaksiger junger Mann, der eine Art breiten nordenglischen Dialekt sprach, war Sergeant. Neben ihm auf der Bank saß ein blasser junger Deckoffizier von der Marine. Sie rückten gutgelaunt auseinander, um mir zwischen ihnen Platz zu schaffen. Als wir uns der russischen Zone näherten, setzten sie beide das Gesicht von Afrikaforschern auf, die das Territorium eines unfreundlichen, wenn auch nicht gar zu gefährlichen Stammes betreten. Um ganz sicher zu gehen, zogen sie aber doch das Gewehr aus seiner Tasche und prüften nach, ob die automatische Pistole geladen war.

»Du weißt nie, was diese Russkies nicht plötzlich tun... Wir ham Befehl, die Fahrt nie nach Einbruch der Dunkelheit zu machen. Wenn ein Laster eine Panne hat, müssen wir dabeibleiben und ihn verteidigen. In Berlin haben sie unseren Zeitplan, und wenn wir nicht ankommen, suchen sie nach uns. Man läßt niemanden mehr die Nacht draußen auf der Straße verbringen.«

»Was würde denn passieren?«

»Marodierende Banden, Deserteure. Entweder herrscht dort verdammt wenig Disziplin, oder aber die wollen nicht, daß wir zu gemütlich nach Berlin kommen.«

Als wir in Berlin ankamen, war es dunkel. Meine neuen Freunde ließen mich vor dem britischen Hauptquartier aussteigen. Niemand war mehr in den Büros, mit Ausnahme eines weiblichen Majors, der Transportdienst schob.

Sie war eben aus England eingetroffen. Sie war sehr freundlich und ausgesprochen hübsch, aber wie ich zur amerikanischen Pressezentrale kommen sollte, da wußte sie leider nicht den geringsten Rat. Eigentlich sollte ihre Ablöse schon da sein. Eigentlich war ihr Dienst ja schon zu Ende. Es tue ihr sehr leid, mir keinen Wagen kommen lassen zu können, aber sie sei eben nicht mehr im Dienst. Schließlich nahm mich ein rosagesichtiger englischer Schuljunge in Offiziersuniform mit, der den Abend in einem amerikanischen Club verbringen wollte. Sein deutscher Fahrer hatte gesagt, er könne meine Adresse ausfindig machen. »Ich fürchte, es ist nicht sehr anständig von mir«, sagte der Junge, als wir eine breite, schwachbeleuchtete Straße zwischen Ruinen und hohen Haufen noch verwertbarer Bausteine entlangfuhren, »aber ich fühle mich hier ausgesprochen wohl. Ich finde Berlin einfach Spitze.«

Zehlendorf, wo ich am nächsten Morgen in einem Feldbett in einem eisigen Zimmer erwachte, in dem offenbar das Fell eines alten Schäferhundes als Bettvorleger fungierte und wo es kaum ein Möbelstück gab, war ein langweiliger Vorort mit Häusern Neureicher, der eine unangenehme Erinnerung an Scarsdale wachrief. Ungefähr jedes fünfte Haus war ausgebombt. Die übrigen befanden sich in verschiedenen Stadien von kriegsbedingter Baufälligkeit. Irgendwo in der Nachbarschaft ließ man wohl Minen oder Blindgänger hochgehen, denn alle paar Minuten ließ eine dumpfe Explosion die kalte Luft erbeben, und das letzte Herbstlaub wurde von den Ästen gefegt und segelte auf die Eisfläche des gefrorenen Teiches hinter dem Haus. Ich dachte daran, wie niedergeschlagen ich an diesem Morgen durch die Vorortstraßen geirrt und schwerbeladenen Deutschen begegnet war, die Reisigbündel und zersplitterte Latten als Feuerholz nach Hause trugen. Ich hatte mich gefragt, wie ich jemals herausbekommen sollte, was in diesem immensen, sich in alle Richtungen ohne einen Mittelpunkt kilometerweit ausbreitenden Ruinenfeld tatsächlich vorging.

In meinem Bett im rüttelnden Zug nach Frankfurt wanderten meine Gedanken zurück nach Berlin, von dem wir uns Gott sei Dank gemächlich zockelnd entfernten, und ich lauschte dem Hämmern der eisernen Räder des klapprigen Mitropa-Schlafwagens. Das Ausmaß der Zerstörung in der Stadt war so immens, daß es die schreckliche Großartigkeit eines Naturphänomens annahm wie der Grand Canyon oder die Große Salzwüste… Man fuhr hinein, an den Trümmern der Universität vorüber und den Schutthaufen, die einst die Friedrichsstraße gewesen waren und den brachen Stellen, wo ein Stückchen Fassade des »Adlon« noch stand. Das Brandenburger Tor war seltsamerweise nicht zerstört. Sah man hindurch, fiel der Blick auf eine Wüstenlandschaft, in der noch ein paar Baumstümpfe und Denkmäler hochragten – das war der Tiergarten gewesen. Am anderen Ende des Tiergartens konnte man in Gruppen beisammenstehende Menschenmengen sehen, die mit ihren Bündeln unter dem Arm sich, stets auf dem Sprung, auf einem riesigen Areal bewegten, das aussah wie eine amerikanische Müllhalde. Das war der Schwarzmarkt. Ich schlenderte zwischen ihnen hindurch und mußte unweigerlich an die Moskauer Schwarzmärkte von früher denken. Es waren die gleichen ängstlich-unruhigen Gesichter, die gleichen Ranzen und Aktentaschen, vollgestopft mit den tristen Überbleibseln einer Lebensperiode, die für immer zu Ende war. Während sie in ihrem Handeln und Tauschen fortfuhren, spähten die Leute andauernd umher, mit demselben Ausdruck zager Verwirrung, wie ich ihn seinerzeit in Moskau beobachtet hatte. Man hatte ihnen beigebracht, im Handel einen ehrlichen und ehrbaren Lebenserwerb zu sehen, und plötzlich war er illegal und heimlich geworden. Letztes Jahr noch waren sie respektable deutsche Bürger gewesen. Nun waren sie Verbrecher.

Ich erinnerte mich auch an ein Wohnviertel, weiter in der Stadt über die einzig intakte Spreebrücke hinüber, das aus großen, häßlichen, rechteckigen Wohnblöcken bestand, die relativ wenig zerstört waren. Dort flatterten, blaß und verwaschen, Fahnen aus jedem Fenster. Als die Alliierten einmarschiert waren, hatten die Russen der Bevölkerung befohlen, Fahnen auszuhängen. Niemand hatte Fahnen kaufen können, aber da man den Befehlen der Russen Folge leistete, saßen die Frauen die ganze Nacht auf und nähten sie aus allen Stoffresten zusammen, die sie auftreiben konnten. Jede Hausfrau fügte so, je nach ihrer Kenntnis verschiedener Nationalflaggen, rote, weiße und blaue Fetzen zusammen. Es gab erstaunlich wenig Hämmer und Sicheln auf rotem Grund, aber überall hingen vage Nachbildungen des Union Jacks oder der Stars and Stripes. Nun hatten die Russen ja nicht gesagt, welche Flaggen, sie hatten lediglich gesagt: Flaggen.

Ein Stückchen weiter waren Arbeiter damit beschäftigt, zerstörte Backsteinwände mithilfe von Stahlseilen einzureißen. Überall zwischen den Ruinen konnte man Gruppen deutscher Frauen sehen, alte, junge, solche, die aussahen, als wüßten sie, was harte Arbeit ist und solche, die in ihrem Leben kein schwereres Werkzeug als eine Stricknadel in den Händen gehalten hatten, und alle trugen sie Kiepen voller Schutt aus den zusammengestürzten Ruinen. Andere standen neben den Backsteinhaufen in den Straßen und rieben die Ziegel gegeneinander, um sie sauberzumachen. Sie waren ungepflegt, ihre Gesichter grau von dem Zementstaub, und sie hatten vor Müdigkeit blaue Ringe unter den Augen. Das Wetter war kalt und unangenehm, ein nieselnder Schneeregen, der so typisch für Berlin ist. Die Frauen trugen alles, was sie besaßen, übereinander, um warm zu bleiben. Sie standen da in langen Ketten über den Schutthaufen und ließen die Eimer von Hand zu Hand gehen.

»Oh, die tun das gerne«, hatte mir ein junger Amerikaner in gutgelauntem Tonfall versichert. »Wenn sie harte Arbeit tun, bekommen sie eine Schwerarbeiterkarte, das heißt mehr zu essen, die gierigen Schlampen.«

Diese Wirklichkeit, dachte ich, als ich zusammengekrümmt auf meiner ruckelnden Pritsche lag, war weit entfernt, wenn man mit amerikanischen Offiziellen in komfortablen und gutgeheizten requirierten Häusern zu Abend aß, oder sie auf ihren Besuchen bei ihren russischen Gegenübern begleitete, die in den schönen Büros stattfanden, die die Viermächteregierung in Schöneberg in dem alten Gebäude aus der Kaiserzeit bezogen hatte. Sobald man mit den Offiziellen redete, hatte man das Gefühl, daß alles, was geschah, sinnvoll und vernünftig war. Man legte Grundlagen, man prüfte Probleme, man bereitete Berichte vor. Die Menschen, die diese offizielle Traumwelt aus internationalen Konferenzen, diplomatischen Geheimnissen, Absprachen der Großen bewohnten, sagte ich mir, diese Menschen waren genauso blind wie ihre Vorgänger in Versailles der Tatsache gegenüber, daß das, was sie hier mit soviel Wichtigtuerei vorbereiteten, mit einiger Wahrscheinlichkeit der Mord an ihren eigenen Kindern war. Aber jeder Mann muß vom Wert seiner Arbeit überzeugt sein, welche es auch ist.

Und dabei war es ja nicht etwa so, daß wir nicht einige erstklassige Leute hatten unter unseren Repräsentanten... General Lucius D. Clay mit seiner Adlernase und seinen leuchtenden braunen Augen hatte hinter seinem polierten Schreibtisch gesessen und in seiner leisen Südstaatlerstimme leichthin und präzise darüber gesprochen, wie wir in unserer Zone Deutschlands die Demokratie aufbauen würden. Demokratie, so hatte er gesagt, hieße gar nichts, wenn sie nicht bereits auf dem untersten Niveau, in jedem Dorf, beginne. Wir fingen bei Null an. Deutschland hätte nie lokale Wahlen gekannt. Das sei, seiner Meinung nach, der Grund für das Scheitern der Weimarer Republik gewesen. Dann hatte er noch mit einem Lächeln hinzugefügt, daß wir nicht unbedingt ein effizientes Deutschland schaffen wollten, sondern vielmehr ein demokratisches... Das Problem dabei sei – und er hatte nachdenklich lächelnd auf die Aufschläge seiner gutgebügelten Khakihosen hinabgeblickt –, daß wir noch nicht wüßten, mit welcher Art Deutschland wir zu tun haben würden, mit vier Teilen Deutschlands oder mit einem vereinten. Dieser Entscheidung würde der Viermächterat sich früher oder später stellen müssen. Wobei zu sagen war, fügte er hinzu (aber das taten sie alle), daß zwischen den Delegierten des Rates die größtmögliche persönliche Sympathie herrsche.

Jedoch habe man, trotz dieser freundschaftlichen Beziehungen, Zeit verstreichen lassen.

»Zeit verstreichen lassen«. General Robertson, Lucius Clays Gegenpart auf der britischen Seite, hatte auf seiner Pressekonferenz dieselben Worte benützt. Robertson war ein jugendlicher General, der unverkennbar aus Sandhurst kam, mit einem sandfarbenen Schnauzer und rötlicher Schildpattbrille. Auch er sprach gut, wenn vielleicht auch ein wenig vorsichtiger als unser General Clay. Die Schwierigkeiten im Kontrollrat, erklärte er, seien noch nicht alle ausgeräumt, obwohl die Russen eine gewisse Befriedigung erkennen ließen, was die Übergabe von Fabriken als Vorauszahlung von Reparationen betraf. Man dürfe nicht vergessen, fügte er beinahe listig hinzu, daß internationale Verhandlungen nicht immer problemlos verliefen. Es sei eine Wellenbewegung, mitunter ging alles glatt vorwärts, manchmal jedoch entstand eine Art rollback... Natürlich, beeilte er sich zu sagen, sei das menschliche Verhältnis zwischen den Großen Vier besser und intimer als je zuvor.

Ich hatte jedermann, dem ich auf meinen Gängen durch Berlin begegnet war, gefragt, wie er mit den Russen auskomme. Die Antworten der Leute waren extrem zurückhaltend. Manche fürchteten sie wie die Cholera, andere bestanden stur darauf, die Russen seien genauso wie andere Leute auch. Ein Journalist, dem ich begegnete, sah darauf, seine russischen Kontakte, sofern sie existierten, für sich zu behalten. Ich wurde mit einem jungen Berliner bekannt, der in Connecticut gelebt hatte und in der amerikanischen Armee diente. Er erzählte, daß er in Nightclubs auf Russen traf. Die russischen Offiziere hatten offenbar das Gefühl, daß der einzige Ort, an dem sie gefahrlos einige Worte mit einem Ausländer wechseln konnten, der Nightclub war. Also fuhren wir in einer verschneiten Nacht in einem Stabswagen kreuz und quer durch die Stadt, um das »Femina« zu finden. Wir brauchten solange, daß es, als wir schließlich ankamen, um halb zehn, Polizeistunde war. Als wir parkten, trat ein Deutscher in einem gegürteten Regenmantel und tief in die Stirn geschobenen Filzhut aus dem Schatten und bot uns hundert Mark – etwa zehn Dollars – für ein Päckchen Zigaretten an. Man hatte uns vor den wahnwitzigen Preisen gewarnt, die ein Drink im »Femina« kostete, also verkaufte einer der Offiziere, die im Wagen saßen, ein Päckchen. »Seht Euch die Mädels an«, flüsterte er beim Aussteigen. »sie finden, daß vier Zigaretten guter Lohn für eine ganze Nacht sind... Und für eine Dose Corned Beef gibt es die wahre Liebe.«

Ein Schwall abgestandener, feucht-dumpfiger Luft schlug uns entgegen, als wir die breiten, mit einem dreckstarrenden roten Läufer belegten Treppen hinaufstiegen. Auf halber Höhe grapschte ein hübsches deutsches Mädchen mit goldenem Haar, das reichlich angetrunken war, schwankend nach jeder Uniform in Reichweite. Drinnen sah es so aus wie in allen Nightclubs, bloß daß der Krieg auch hier seine Spuren tief eingegraben hatte. Das elektrische Licht funktionierte nicht mehr, man beleuchtete die Tische mit Kerzen, die auf Untertassen klebten. Die Musiker packten gerade ihre Instrumente weg. Es gab ein paar beschwipste amerikanische Offiziere, vereinzelte Russen mit grimmigen Gesichtern und einen Haufen gutgekleidete deutsche Frauen und zumindest korrekt gekleidete Männer. Niemand lachte. Außer bei den Amerikanern, die offensichtlich Touristen waren, lag etwas Geschäftsmäßiges auf allen Zügen. Ich rede nicht von Prostitution. Unter jeder Achsel steckten die tristen Ranzen und Taschen, die ich auch schon im Tiergarten gesehen hatte. Ein Mann kam beiläufig auf uns zu und flüsterte: »Zigaretten?« Von der anderen Seite näherte sich ein Russe und sagte: »Uhr... Uhr.«

»Hat jemand Lust, seine Uhr zu verkaufen?« fragte jemand gedämpft.

Aber keiner von uns wollte irgend etwas verkaufen oder erwerben. Wir hatten nicht einmal Lust, einen der teuren Ersatz-Drinks zu probieren. Der Ort hier war zu kalt und zu trostlos. Auf jedem Gesicht lag etwas Unstetes, Unangenehmes, Ungutes, das einen genauso frieren machte wie die feuchtkalte Luft der Räumlichkeiten. Das Laster, das hier herrschte, war nicht Alkohol, noch Glücksspiel oder Sex, sondern Handel. Wir brachen auf, in einer Stimmung zwischen Ekel und Mitleid, die uns den Hals zuschnürte und fuhren zum Amerikanischen Presseclub hinüber, wo es warm war, wo es bequeme Sessel gab und wo die Leute wie menschliche Wesen aussahen.

Und während ich in meinem rüttelnden Bett in dem Militärzug lag, der mich von Berlin fortbrachte, versuchte ich, dieses Alptraumgefühl, das mich begleitete, zu analysieren. Berlin war mehr als eine zerstörte Stadt unter vielen. Dort hatte das Elend eines geschlagenen Volks einen Grad erreicht, an dem die Opfer unter das Niveau sinken, das von menschlicher Anteilnahme noch zu erreichen ist. Jenseits dieses Punktes berührt kein Leid den Beobachter mehr, der nicht selbst davon betroffen ist.

Vielleicht war es ein ähnlicher Mechanismus, der die Deutschen befähigte, ungerührt der Ausrottung ihrer jüdischen Nachbarn zuzusehen, oder der es den russischen Kommunisten möglich machte, ohne Tränen zu vergießen mitanzusehen, wie die verschiedenen Aktionen »angewandter Soziologie«, die der Kreml veranstaltete, auf das Leben der Menschen wirkten. Und vielleicht ist es auch derselbe, der heute manchen hochanständigen Amerikaner, der eine demokratische Erziehung genossen hat, dazu bringt, der Misere der gepeinigten Völker Osteuropas gleichgültig gegenüberzustehen. Hat der Krieg erst einmal das Gewebe menschlicher Gemeinschaft angegriffen, scheint eine Kettenreaktion einzusetzen, die noch weitergeht, wenn die tatsächlichen Kämpfe längst geschlagen sind und die die Bande natürlicher Hemmung und Zurückhaltung, auf denen jegliches zivilisierte Zusammenleben von Gesellschaften beruht, zerreißt.

In Berlin hatte ich solche Gedanken jedesmal, wenn ich am Stettiner Bahnhof vorüberging. Auf diesem Bahnhof kamen vertriebene Deutsche und Kriegsgefangene aus der russischen Zone an. In der Tat sah ich nie wirklich zu, wie einer dieser Züge eintraf, aber rund um den Bahnhof und in die zugigen Ecken des ausgebrannten Gebäudes gedrängt, waren dort immer hohläugige Menschenmengen zu sehen; Männer, Frauen und Kinder mit Bündeln und Rucksäcken, die angstvoll vor sich hin starrten. Die Haut hing ihnen von den Knochen, und ihr schwankender Gang, ihr ruheloses, sinnloses Hin- und Herschlurfen, ihre gotisch langgezogenen Gesichter, besaßen etwas Unnatürliches, Gespenstisches, das mich an das Aussehen unserer halbverhungerten kriegsgefangenen Amerikaner in den Konzentrationslagern von Santo Tomas erinnerte, als unsere Truppen Manila einnahmen.

Ich betete zu allen eventuell existierenden Mächten des Guten, die es auf der Welt gibt, daß meinem Volk ein Schicksal wie das der Deutschen erspart bleibe und schlief dann endlich ein.

Während ich am nächsten Morgen im Gang des Speisewagens darauf wartete zu frühstücken, kam ich wieder mit dem rothaarigen Captain ins Gespräch. Er stammte aus San Francisco, wo er als Jurist gearbeitet hatte. Nun war er in der Militärregierung und hatte die Nase gestrichen voll.

»Ich habe langsam das Gefühl«, sagte er leise und verbittert, »daß es zwischen unseren Politikern eine Art von Wettkampf gibt, wer die Vereinigten Staaten am schnellsten verhökern darf. Wenn das amerikanische Volk Selbstmord begehen will, dann ist es in einem demokratischen System vermutlich die Aufgabe der Politiker, die Schlinge zu knüpfen, in die wir unseren Hals dann bequem stecken können... Was mich so krank macht, das sind diese ewigen Entschuldigungen. Haben wir nicht mit all unseren Fehlern ein soziales System entwickelt, das der Mehrheit der Menschen zum ersten Mal in der Geschichte ein wenig Luft läßt? Und anstatt stolz darauf zu sein, entschuldigen wir uns dafür... Haben wir nicht die stärkste Armee der Welt aufgebaut und den Krieg mit ihr gewonnen? Und jetzt lassen wir alles sausen, weil wir nicht wissen, was wir als nächstes tun sollen... Wir entschuldigen uns bei den Franzosen dafür, ihr Land gerettet zu haben, und wir entschuldigen uns bei den Engländern und den Russen. Demnächst werden wir uns auch bei den

Deutschen dafür entschuldigen, ihnen den Arsch versohlt zu haben... Alle wie sie da sind, sind neidisch auf uns und was wir sind, und es geschieht uns ganz recht.«

Flanieren in Paris

Paris, trotz Kälte, Hunger und mangelnder Moral, ist noch immer Europas Hauptstadt, oder doch dessen, was davon übrig ist. Der Eiffelturm ist noch da, die Brücken über die Seine stehen noch, und da ist der Himmel über der Place de la Concorde. Das wettergegerbte alte Institut de France ist nach wie vor das schönste Bauwerk der Welt. Der Herbstsalon hat seine Türen geöffnet, und im Louvre kann man die Bilder der alten Meister bewundern. Noch jetzt sitzen die Leute draußen im rötlichen Sonnenlicht auf der Terrasse des Café de la Paix. Bei Pigalle und in den schlüpfrigen Gäßchen hinauf zum Montmartre brummt das Leben. Und auf den Champs Elysées promenieren an schönen Winternachmittagen gutgekleidete Familien. Die Frauen tragen Kostüme und große gewundene Turbane oder hohe steife Hüte. Das blonde oder schwarze Haar ist in bauschige Wellen gelegt, die an Großsegel eines voll getakelten Schiffs erinnern. Die Frauen tragen keine Strümpfe, und ihre Beine sind vor Kälte aufgesprungen, und dennoch bewegen sie sich voller Eleganz auf den soliden Holzabsätzen, die sie mangels Leder tragen müssen. Man kann radfahrende Mädchen beobachten, die auf ihren Köpfen ein Getürm perfekt gebrannter Löckchen balancieren. Und die hölzernen Absätze haben auch etwas Schickes. Die Mädchen auf ihren Fahrrädern sind ein angenehmer Anblick.

Ein fünfzigjähriger und ein fünfundzwanzigjähriger Mann, beide im gleichen Khakizeug, spazieren den Quai Voltaire entlang, an den Bücherkisten vorüber. Sie biegen auf die Brücke ein, die gegenüber dem Institut liegt, betrachten die elegant geschwungene Kuppel und den jadegrünen Fluß und den Himmel mit seinen verwaschenen Rosa- und Orangetönen und den Wolken, die wie weiße Wattebäuschchen über den großen Schieferdächern des Louvre stehen. Der jüngere Mann hat ein spitzes braunes Gesicht und trägt eine Brille aus Schildpatt. Er ist Reporter für »The Stars and Stripes«, die Militärzeitung. Er versucht, den älteren Mann zu interviewen. Beide stehen gegen das Geländer gelehnt.

»Sir, was ist denn nun, Ihrer Ansicht nach, der Unterschied zwischen Europa nach dem Ersten und Europa nach dem Zweiten Weltkrieg?«

»Also zunächst einmal hat der Erste Weltkrieg zwar eine Schneise der Verwüstung quer durch Europa geschlagen, aber nicht allen gesellschaftlichen Zusammenhalt zerstört... Ich würde sagen, daß die moralische und soziale Zerstörung in etwa der rein physischen entsprach.«

»Im Zerstören haben wir seither einige Fortschritte gemacht. Diesmal haben wir wohl wirklich den Vogel abgeschossen«, meinte der jüngere Mann und förderte rasch sein Notizbuch zutage. »Welche sonstigen Unterschiede sehen Sie, Sir?«

»Der erste Krieg hat die europäische Zivilisation absinken lassen. Diesmal ist alles noch sehr viel tiefer gesunken. Nach dem Ersten Weltkrieg haben wir große Hoffnungen für die Menschheit gehegt. Die Russische Revolution schien der Arbeiterklasse große Perspektiven zu eröffnen, die Möglichkeit einer Gesellschaft ohne Ausbeutung. Alles schien damals so klar.«

»Die Sowjetunion ist nun gewiß ein Erfolg. Da sind Sie wohl einer Meinung mit mir, Sir?«

»Das bin ich keineswegs. Sie hat eine neue Klassenstruktur gebildet, so daß es jetzt statt Lohnsklaverei eine richtige staatliche Sklaverei gibt. Wir hatten die Hoffnung, die Revolution würde zu mehr Freiheit und Selbstverwaltung führen, anstatt zu noch weniger. Aber wenn man die völlig unkontrollierte Macht der sowjetischen Nomenklatur ansieht, fragt man sich, ob unser Profitstreben wirklich so schlecht ist, wie es immer gemacht wird.«

»Einen Arbeitslosen kann man schlecht irgendeines Profitstrebens verdächtigen, meinen Sie nicht auch, Sir?«

»Jedenfalls ist er verdammt viel freier in den Staaten und mit Arbeitslosenhilfe als mit einem Job in der Sowjetunion, und besser ernährt obendrein.«

»Das Leben besteht nicht nur aus Essen... Es gibt auch so etwas wie menschliche Würde... Sicherheit... Manchmal meine ich, ich sollte, anstatt hier drüben für eine Zeitung zu arbeiten, lieber wieder nach Hause gehen und mich den Streiks anschließen.«

»Was, meinen Sie wohl, würde passieren, wenn Sie sich den Streiks in der Sowjetunion anschlössen?«

»Die Arbeiter in der Sowjetunion brauchen nicht zu streiken. Sie haben das Eigentum an den Produktionsmitteln.«

»An Ihrer Stelle würde ich einmal hinfahren und mich selbst überzeugen, wieviel Eigentum an den Produktionsmitteln sie dort haben«, sagt der ältere Mann müde.

»Und jetzt«, fährt der Jüngere unbeirrt fort und hält seinen Bleistift erwartungsvoll über seinen Block, »erzählen Sie mir etwas vom Versailler Vertrag.«

»Damals kam er uns grausam und undurchführbar vor. Aber verglichen mit dem, was heute passiert, ist er beinahe die Heilige Schrift. Immerhin gab es damals einige Anstrengungen, demokratische Freiheiten und das Selbstbestimmungsrecht der Völker zu sichern.«

»Die Sowjetunion sichert die demokratischen Freiheiten der osteuropäischen Länder.«

»Junger Mann, Sie käuen Propaganda wieder, und Sie wissen das auch.«

Er lächelt verächtlich. In den braunen Augen hinter den Brillengläsern kann der ältere Mann sehen, wie der Geist des Jüngeren zuklappt wie eine Muschel.

»In wenigen Worten«, bohrt jener höflich nach, »was war, Ihrer Ansicht nach, das Ergebnis des Versailler Vertrags?«

»Faschismus.«

»Und was werden, glauben Sie, die Ergebnisse dieses jetzigen Friedens sein?«

»Faschismus im Quadrat, fürchte ich.«

»Haben dann die Russen aber nicht ganz recht, wenn sie darauf bestehen, daß wir die Glut des Faschismus in Europa austreten?«

»Das einzige Heilmittel gegen Faschismus ist Freiheit. Die englischsprechenden Völker haben wenigstens ein System entwickelt, daß dem Individuum ein Minimum an Freiheit garantiert und die Möglichkeit friedlicher Entwicklung und Veränderung in sich trägt... Es ist eine der Ironien der Geschichte, daß Sie und Ihresgleichen das

Vertrauen in dieses System gerade in dem Moment verlieren, wo die Welt es am dringendsten benötigt.«

»Vergessen Sie nicht, Sir, daß wir die Generation der Krise sind. Wie soll man da dem Kongreß und den Lynch-Politikern und den gierigen Big-Business-Monopolen vertrauen können? Besser wär's, wie die Russen, einen sauberen Schnitt zu machen.«

»Das Problem ist nur, daß wir schnell merken würden, daß wir, wie die Russen, auch einen sauberen Schnitt durch die Zivilisation gemacht hätten. Der Weg in die Demokratie kennt keine Abkürzungen. Sie müssen schon die Anstrengung auf sich nehmen, einen Schritt nach dem andern zu machen.«

»Haben Sie jemals darüber nachgedacht, Sir, wie Sie sich selbst sehen würden? Ich meine, was Ihr damaliges Selbst, das während der Versailler Verhandlungen hier in Paris war, über Ihr heutiges Selbst denken würde, das nunmehr für die Interessen der Monopole schreibt?«

»Sie glauben, ich würde denken: »Was für ein alter Reaktionär«?... Nein, so denke ich nicht. Ich habe mich geändert, und die Zeiten haben sich auch geändert. Und schließlich haben wir jetzt das kommunistische Beispiel vor Augen. Damals war die Sowjetunion ein Traum. Heute ist sie eine Realität.«

»Man behauptet dort nicht, den Kommunismus bereits verwirklicht zu haben. Der Lebensstandard wird steigen, sobald die Folgen des Krieges überstanden sind.«

»Woher wollen Sie das so genau wissen? In meinen Augen seid Ihr Jungen die Reaktionäre... Sie können nicht vom Kreml herunter eine freie Gesellschaft aufbauen. Die muß sich durch Selbstbestimmung von unten nach oben entwickeln. Jedes Individuum muß einen ausreichenden sozialen und ökonomischen Rückhalt besitzen, um sich, wenn es einmal nötig ist, auch mit seiner Regierung anlegen zu können. Der Mensch mit absoluter Macht, dem man vertrauen könnte, ist noch nicht geboren.«

»Dieses Gerede über Freiheit ist hauptsächlich Augenwischerei im Dienste der Arbeitgeber. Was das Volk tatsächlich will, ist Sicherheit«, sagt der jüngere Mann mit abgehackten Worten.

»Aber nur in einer freien Gesellschaft ist das Leben gesichert. Ich kann nicht verstehen, warum Ihr Jungs das nicht einsehen wollt... Dabei ist es so logisch wie eine mathematische Gleichung.«

Langsam fällt die Dämmerung über die beiden Männer. Das Institut ist nurmehr eine bläuliche Silhouette vor dem westlichen Himmel. In weiten Abständen leuchten die Straßenlaternen entlang des Ufers wie erblühende Krokusse auf. Es ist kühl geworden. Die beiden Männer frösteln.

»Wir sollten uns wohl besser aufmachen, nicht wahr... vielen Dank, Sir«, sagt der junge Mann. Beide setzen sich in Bewegung und überqueren rasch die Brücke.

»Man kann nicht behaupten, daß wir unsere jeweiligen Standpunkte einander sonderlich nähergebracht hätten, hm?« sagt der ältere Mann.

»Nein, das kann man allerdings nicht, Sir.«

Veteranen auf dem Heimweg

Betrunken und staubig, verschwitzt und hohläugig und unausgeschlafen, so schlürfen die Soldaten, krumm vom Gewicht ihrer schweren Seesäcke, den schwach erleuchteten Bahnsteig entlang zu ihrem Urlaubszug. Über die gesamte Bahnsteiglänge hinweg eine unaufhörliche Schlange von Körpern in Khakiuniformen. Der Zug besteht aus unglaublich altersschwachen französischen Waggons. Auf vielen der Sitzbänke fehlt die Polsterung. Wo das Glas zerbrochen ist, sind die Fenster durch Sperrholzplatten ersetzt. Die Türen sind vernagelt. Es gibt kein Licht. Die Männer und ihr Gepäck stecken wie Sardinen in den Abteilen. In den Korridoren hocken sie auf ihren Säcken. Wir quetschen uns im Dunkeln auf unsere Bänke und reiben unsere Knie gegen die Knie unserer Gegenüber. Ellbogen rammen in unsere Flanken, Köpfe sinken auf unsere Schultern. Mit einer kaum wahrnehmbaren Erschütterung setzt der Zug sich in Bewegung und rollt aus dem Bahnhof hinaus in die neblige Nacht. Nur wenn einer ein Streichholz anreißt, um seine Zigarette anzuzünden, kann man sein Gesicht sehen. Die Gesichter sind jung und frisch unter ihrer Schmutzkruste. Die Stimmen sind heiser von zu langen Zugfahrten, zuviel Alkohol, zuviel Zigaretten und zuviel Frauen.

»Jesus Maria, so oft hab ich es nie im Leben gemacht«, sagt eine Stimme aus der Dunkelheit.

»Ich wußte gar nicht, daß sie überall nur an das eine denken«, antwortet eine andere.

»In Deutschland hättest du sein müssen, Junge, da hebst du nur den kleinen Finger, und schon spreizen sie die Beine.«

»In Nordafrika ging's auch ganz schön her, aber bevor ich in Italien war, wußte ich überhaupt nicht, was Sache ist. Im Süden Frankreichs war's ganz in Ordnung, aber als ich dann in Deutschland war, hab ich's so oft gemacht, daß er mir beinahe abgefallen wäre. Na, und jetzt geht's nach Hause. Da warten eine Frau und zwei Kinder auf mich.«

»Wie alt bist du, Kleiner?« fragt eine etwas reifer klingende Stimme schleppend.

»Neunzehn.«

»Mit neunzehn kennt man keine Müdigkeit. Mit neunzehn darf man die Sau rauslassen. Hol's der Teufel! Du fängst früh an, Kleiner... Ich bin siebenundzwanzig... Ich hab die Schnauze voll von all dem Dreck. Ich geh nach Hause und laß mich irgendwo nieder. Ich kann keine Frau mehr sehen.«

»Zu Hause ist es sowieso anders.«

»Die englischen Mädchen sind verrückt danach.«

»Nichts im Vergleich zu den Fräuleins.«

»Die französischen Mädchen sind nicht schlecht, aber in Frankreich geht es ins Geld. Die Franzosen sind so verdammt knickrig.«

»Ich und mein Kumpel hatten 'nen Haufen von ihnen, als wir durch Frankreich sind. Und ohne einen Pfennig zu blechen. Wir ham die Augen immer aufgehalten. Und dann hat's ihn erwischt, die arme Sau. Oben im Gebirge. Vogesen. Wir kamen durch eine Obstplantage. Die Bäume voll Früchte. Und Himmel, was hatten wir Durst. Wir ham die Scheißerei bekommen von all dem Obst. Da hatten sie reife Birnen auf einem Tisch liegen, vor so 'nem kleinen Häuschen. Ich bin eine Sekunde stehngeblieben, um mir so 'ne reife Birne zu nehmen, und er geht weiter. Wir ham die ganzen Bäume da oben auf dem Hügel abgeerntet. Er war nur ein paar Meter weiter als ich. Und dann sitzen da zwei Krauts mit einer MP hinter so einem großen Apfelbaum versteckt und pumpen ihn voll. Müssen die letzten Schüsse gewesen sein, die an dem Tag gefallen sind. Ich hab mir in die Hosen gemacht in der Obstplantage da. Und er hat sein Fett wegbekommen, da. Gott, was hab ich mich beschissen gefühlt... und wie fühl ich mich jetzt beschissen. Er ist ein dufter Typ gewesen.«

Die Stimmen waren versiegt.

»Hör mir auf mit MPs«, kam es aggressiv aus einer Ecke.

Der Zug rumpelte dahin. Sie hockten aufeinander in der Dunkelheit und im Geklapper und redeten und redeten, bis, eine nach der anderen, der Schlaf die Stimmen verlangsamte und schließlich erlöschen ließ.

New York, den 15. Dezember 1945

5

Ein Unrecht macht ein anderes nicht wett...

Das Schiff rammt sich in die Kiefer eines schweren Weststurms hinein. Böen schneeigen Windes kreischen auf den Stahlleitern, die zur Brücke hinaufführen. Jedesmal, wenn der Schiffsbug tief in die schaumgepeitschten Seen hinabtaucht, ergießt sich eine Gischtwelle über das nasse Flugdeck und prasselt auf die Platten des Aufbaus. Der Windmesser auf der Brücke zeigt fünfundfünfzig Knoten an. Unten auf dem Hangardeck riecht es nach ungewaschenen Körpern, nach nasser Wolle und nach Kotze. Den ganzen Mittelteil des großen, langen, tunnelartigen Decks, das eine Art schwimmender Garage ist, nimmt eine fünfstöckige Konstruktion aus Kojen und Gepäckständern ein. Soldaten kriechen mit grünen Gesichtern und zerwühltem Haar hinein und heraus wie Wespen in einem Wespennest. Ein paar von uns blicken durch eine Tür, die zu einer Geschützplattform hinausgeht, die unaufhörlich von den schweren Seen auf der Leeseite überspült wird, auf den wogenden marmorgrünen und grauen Ozean hinaus, auf die schäumenden Kämme über unseren

Köpfen, die sich brechen und die Wellentäler. Mit einem Mal sehen wir schwarze Flossen die Wasseroberfläche durchschneiden, und eine Schule von Delphinen schnellt herauf ins Licht. Sie surfen eine Weile die strudelnden Wellen hinauf und hinab, dann sind sie verschwunden.

Weiter achtern versuchen ein paar Soldaten, die unter einer Kinoleinwand, die vor einem komplizierten Gewirr von Ventilrädchen und weißgestrichenen Dampfrohren hängt, um die gummibereiften Traktoren herumstehen, die die Flugzeuge schleppen, ihr Gleichgewicht zu halten, während sie darauf warten, in die Mannschaftsmesse gerufen zu werden. Durch das gedämpfte Rauschen von Wind und Wetter, das schwere, regelmäßige Pulsen der Maschinen und den Tumult der menschlichen Stimmen schrillt plötzlich die Pfeife des Bootsmanns, und über das Lautsprechersystem wird eine krächzende Stimme multipliziert: »Alle Mannschaften, auf deren Karten Backen für elfhundert angegeben ist, reihen sich in die jeweiligen Futterlinien ein.«

In unserer Kabine, unten in den Offiziersquartieren, sitzen ein Haufen Männer und reden. Die Schotten und Spanten knirschen von den Bewegungen und Erschütterungen des Rumpfes. Einige der Männer haben sich in die Ecken gequetscht, um sich in dem üblen Gekränge aufrecht zu halten. Auf jedem Stuhl ein Mann, in jeder Koje ein Mann. Die Luft ist von Zigarettenrauch geschwängert und schal von den aufeinanderhockenden Truppenmassen.

»Glaubt bloß nicht, daß ich ein gutes Wort für die Deutschen einlegen will«, sagt der schlaksige junge Captain in der oberen Koje jetzt zum dritten Mal, »aber...«

»Hol der Teufel die Deutschen!« unterbricht ihn der

breitschultrige, dunkelhaarige Leutnant, der sich im Türrahmen festkeilt. »Was mir Angst macht, ist, was unsre Jungs da drüben anrichten.«

Dieser Leutnant kommt aus dem Lagerhaus-Viertel in Chicagos Süden. Er hat neunzehn Jahre lang als Sergeant in der regulären Armee gedient. Sein Vater hat eine Kneipe. Er hat ein wildes Leben gehabt. Fünfmal ist er an europäischen Küsten gelandet, und sein Offizierspatent hat er sich an der Front verdient. Seit drei Jahren hat er Frau und Kinder nicht mehr gesehen. Wenn er den Mund aufmacht, spricht er langsam, abgeklärt und wohlüberlegt. Er hat über die schwindende Moral der Truppen geredet, über den Verkauf von Armeeeigentum, darüber wie, noch während der Kämpfe, Benzin in den Schwarzmarkt-Kanälen verschwand, wie wir die Zivilbevölkerung herumstoßen, und über die Plünderungen... »Wenn ich nicht in der Armee bleiben wollte, könnte ich ein paar Geschichten erzählen. Du lieber Gott, ein ganzes Buch könnte ich schreiben.«

»Saufen, vögeln und plündern, das ist der Soldaten Lohn«, unterbricht ihn ein rotgesichtiger Major provozierend.

»Mag sein«, sagt der Leutnant schleppend, »aber ein Unrecht macht ein anderes...«

»He, das hast du schon mal gesagt«, fährt der Captain dazwischen und läßt sich dann wieder auf sein Kopfkissen zurücksinken. »Jedesmal wenn auf diesem Kahn hier blöd rumgequatscht wird, muß ich mir denselben Kram anhören.«

»Aber es stimmt trotzdem. Es wird Zeit, daß wir die Augen aufmachen. Wir sind dabei, die Karre in den Dreck zu fahren. Alles gut und schön, die Nazis zu verhaften, gegen die wir was vorliegen haben, aber warum können wir den anständigen Leuten nicht ein bißchen mehr unter die Arme greifen? Wir müßten ganz Europa helfen, auf die Beine zu kommen, nicht nur Deutschland. Früher oder später werden wir froh sein, irgendwo auf der Welt ein paar Freunde zu haben.«

Ein junger blonder Mann, er trägt ein marinegraues Hemd und ist gerade von seiner Wache zurückgekommen, ist derart ernsthaft bei der Sache, daß es ihn beinahe aus dem Stuhl hebt.

»Ich wünschte, wir würden es der verdammten Welt einmal richtig zeigen«, sagt er mit enthusiastischem Glanz in den blauen Augen. »Wenn wir es richtig anfangen, werden wir auch selbst auf lange Sicht davon profitieren. Worum geht es denn letztlich... Die einzige Möglichkeit für die Vereinigten Staaten, wohlhabend zu bleiben und einen hohen Lebensstandard zu halten, ist durch Vollbeschäftigung und hohe Produktion. Oder nicht? Ja, und um das zu garantieren, wenn wir den heimischen Markt saturiert haben, müssen wir uns auf die ausländischen Märkte werfen. Und deshalb braucht der Rest der Welt auch einen hohen Lebensstandard. Das heißt, wir müssen Demokratie und hohe Löhne in diesen Ländern garantieren. Anstatt den Russen gegenüber andauernd klein beizugeben, müßten wir in Konkurrenz zu ihnen treten. Ich meine nicht, sie bekriegen, ich meine, wir müßten unsere Art von ›angewandter Soziologie‹ betreiben. Wir haben der Welt mehr zu bieten als die.«

»Wenn wir den Krauts die Daumenschrauben lösen, dann kommt's wieder genauso wie beim letzten Mal«, knurrt der Captain aus seiner Koje. »Sie werden sich wieder hochrappeln und einen neuen Krieg anfangen.«

»Leute, denen es gut geht und die zufrieden sind, wollen keine Kriege machen. Kriege und Diktaturen sind das Resultat von Wirtschaftskrisen, oder etwa nicht?«

Alle Anwesenden schweigen. Auf diese Frage, scheint es, will keiner antworten.

»Das kann ich nicht sagen, aber eines weiß ich jedenfalls«, sagt schließlich bedächtig der Leutnant aus Chicago. »Wir müssen langsam die Augen öffnen. Was wir treiben, seit die Kämpfe in Europa aufgehört haben, ist falsch. Ein Unrecht macht ein anderes nicht wett.«

Glossar

Appeasement – Beschwichtigungspolitik, vor allem Schlagwort in der Polemik gegen die britische Außenpolitik 1933-45, die zu weitgehenden Konzessionen gegenüber Hitler bereit war.

Displaced Persons (DP) – Bezeichnung für die etwa acht Millionen Menschen, die im Laufe des Krieges durch Vertreibung, Flucht und Verschleppung heimatlos geworden waren. Darunter fielen auch die von den Alliierten aus den Konzentrationslagern geretteten Juden. Bis zu ihrer Repatriierung wurden die DP von Hilfsorganisationen der UN in 900 provisorischen Lagern untergebracht.

Jerry – Ein Deutscher. »Deutscher Michel«.

Krauts – Herabsetzende Bezeichnung für die Deutschen, die aus der deutschen ›Nationalspeise‹ Sauerkraut abgeleitet wurde.

NKWD – Sowjetisches ›Volkskommissariat des Innern‹, das während der Stalin-Ära u.a. zuständig war für politische Überwachung, den Nachrichtendienst und politische Strafjustiz.

West Pointer – Absolventen der Militärakademie West Point, die sich im Südosten des Bundesstaates New York, USA, befindet.

Wlassow-Armee – Auf deutscher Seite kämpfende russische Division, die der 1942 übergelaufene General Andrei Wlassow aus russischen Kriegsgefangenen aufgestellt hatte.

Nachwort

John Dos Passos hat seine Reportagen über das besiegte Großdeutsche Reich im November und Dezember 1945 für die Illustrierte LIFE geschrieben. 1946 erschienen sie unter dem Titel »In the year of our defeat« als dritter Teil seiner Reportagensammlung »Tour of Duty« in Buchform. Als Berichte eines prominenten Gelegenheitsjournalisten haben sie einen besonderen Platz sowohl innerhalb der literarischen Gesamtproduktion des Autors als auch unter den Reportagen, die uns ein Bild der unmittelbaren Nachkriegszeit vermitteln. Und von den Deutschen, die sich im Jahre Eins nach dem »Zusammenbruch« ihres Dritten Reiches mehrheitlich als die Besiegten und keineswegs als die Befreiten fühlten.

* * *

John Dos Passos durchlitt das literarische Schicksal, das Autoren blüht, die mit einem frühen Werk zu Weltruhm kommen. Er ist – zumal außerhalb der USA – in erster Linie der Autor von »Manhattan Transfer« geblieben. Die enthusiastische Reaktion auf das frühe *magnum opus* wurde für dessen Autor zu einer drückenden Bürde. Ein breiteres Publikum erreichte danach nur noch die USA-Trilogie, die seinen Ruf als radikalen Sozialkritiker bestätigte.

Als Beobachter der eigenen Gesellschaft wurde Dos Passos unvermeidlich zu dem, was man einen politisch engagierten Schriftsteller nennt. In den zwanziger Jahren bedeutete dies unvermeidlich, von den Kommunisten aller Länder umworben zu werden. 1928 reiste er in die Sowjetunion. Danach behielt er – wie andere prominente Pilgerliteraten – seine zwiespältigen Eindrücke aus Loyalität zur vermeintlich »guten Sache« zunächst für sich. Bei den Präsidentschaftswahlen von 1932 unterstützte er noch den Kandidaten der KP der USA und nicht den Demokraten Franklin D. Roosevelt. Doch in den ersten Jahren des New Deal hat Dos Passos nach seinen eigenen Worten »in die Vereinigten Staaten zurückgefunden«. Er publizierte zwar noch in der KP-Zeitschrift *New Masses*, aber die Distanz zum Stalinismus wurde schon 1935 zum Abgrund, als er an den Literaturkritiker Edmund Wilson schrieb: »Man kann die politischen Ziele nicht von den Mitteln trennen... Was nützt es dir, deine Ketten zu verlieren, wenn man sie durch das Exekutionskommando ersetzt?«

Die politischen Wendungen im Leben und Schreiben von Dos Passos gingen stets auf persönliche Erfahrungen zurück. Unter dem Eindruck des Justizmordes an Sacco und Vanzetti hatte er zur radikalen Linken gefunden, zum vehementen Antistalinisten wurde er, als der stalinistischen Faustregel, daß der Zweck die Mittel heilige, ein enger Freund zum Opfer fiel. 1937 war er ins republikanische Spanien gereist, um mit Lillian Hellman, Ernest Hemingway und anderen den Film »Spanish Earth« zu produzieren. Kurz nach seiner Ankunft mußte er erfahren, daß sein Freund José Robies von der Sonderpolizei liquidiert worden war, die als Machtinstrument der spanischen KP fungierte. Dos Passos bemühte sich bei den Behörden der Republik verzweifelt um Aufklärung über den Tod seines Freundes und um einen Totenschein. Beides blieb vergeblich.

»Einige meiner Partner bei dem Filmprojekt hielten meine Nachforschungen in dieser Sache für verabscheuenswert. Was zählt in Zeiten wie diesen ein Menschenleben? Wir dürfen nicht zulassen, daß unsere persönlichen Gefühle mit uns durchgehen.« So schilderte der leidenschaftliche »Spanienkämpfer« Dos Passos die Reaktionen seiner Umgebung. Gemeint war vor allem Ernest Hemingway, der ihn ermahnt hatte, die Republik mit seinen Nachforschungen nicht in Mißkredit zu bringen. Für »Dos« bedeutete es das Ende seiner Männerfreundschaft mit »Hem«, aber auch den endgültigen Abschied von jenem »ehrenhaften Irrtum«, den nach Arthur Koestler eine ganze Intellektuellengeneration geteilt hatte.

Diese Abkehr hat Dos Passos fünfzehn Jahre später so beschrieben: »Meine Beobachtungen in Spanien führten zu einer vollständigen Desillusionierung über den Kommunismus und die Sowjetunion. Die sowjetische Regierung betrieb in Spanien eine Reihe außerlegaler Tribunale, die man präziser als Mörderbanden bezeichnen muß. Sie schickten gnadenlos alle Menschen in den Tod, derer sie habhaft werden konnten und die den Kommunisten im Wege standen. Anschließend zogen sie noch den Ruf ihrer Opfer in den Schmutz. Mir wurde bewußt, daß ein Sieg der Republik einen Triumph des Kommunismus bedeuten würde, und ich zog mich aus Spanien zurück.«

Diese Sätze stehen in einem politischen Lebenslauf, den

Dos Passos im Januar 1953 für den Untersuchungsausschuß gegen »unamerikanische Umtriebe« des US-Repräsentantenhauses (HUAC) verfaßte.

Das Dokument, mit der er sich dem Ausschuß andiente, sollte seinen Freund, den Arzt William H. Gantt, entlasten, der durch sein Engagement in der amerikanisch-sowjetischen Freundschaftsgesellschaft ins Visier geraten war. Dos Passos half ihm, indem er Gantt eine sowjetkritische Haltung bestätigte. Doch in derselben Stellungnahme empfahl er sich den paranoiden Ermittlern mit seiner aus Erfahrung gewonnenen Fähigkeit, KP-Mitglieder, »fellow-traveller«, kommunistische Sympathisanten und »verführte, aber unschuldige Liberale« zu identifizieren.

»Der Zweck darf nie die Mittel heiligen, denn in der Politik sind die Ziele immer illusorisch«, lautete das Credo des John Dos Passos. Auch als Gantt in die kafkaesken Verhöre der Ausschüsse geriet, begann Dos Passos nicht an deren notwendiger Arbeit zu zweifeln, weil er ernsthaft an eine große kommunistische Verschwörung gegen die amerikanische Lebensweise glaubte.

Tatsache bleibt, daß in diesem einen Fall das Mitgefühl des John Dos Passos für das Schicksal eines Freundes nicht zur Überprüfung der eigenen politischen Haltung führte. Sein Biograph Townsend Ludington bekennt resigniert: »Seine begeisterte Unterstützung für antikommunistische Eiferer war vielleicht der einzige bedauerliche Aspekt in einem überaus integren Leben. Fragwürdig war nicht sein Konservatismus, wohl aber seine Bereitschaft, Leute wie ... Joseph McCarthy zu unterstützen, die völlig skrupellos mit den Freiheitsrechten anderer umsprangen.«

* * *

Die Reportagen aus Frankfurt, aus der hessischen Provinz um Fritzlar und Ziegenhain, aus Wien, aus Nürnberg und Berlin liegen im politischen Lebenslauf des John Dos Passos genau zwischen seiner Spanien-Erfahrung von 1937 und seiner Aussage vor dem HUAC von 1953. Schon 1945 ist seine Wahrnehmung geprägt von der Erbitterung über den Verrat der Stalinisten an seinen frühen Idealen. Wo immer Dos Passos das Zeitgeschehen direkt kommentiert, nimmt er den Beginn des Kalten Krieges bereits vorweg. Noch deutlicher wird dies in seinen Briefen, etwa wenn er die Haltung der US-Regierung gegenüber Stalin als »Chamberlain-Mentalität« bezeichnet. Unter dem Titel »Berlin 1945« ist in seinem Notizbuch der Merksatz aufgeschrieben: »Wer mit dem Teufel speist, braucht einen langen Löffel – die Amerikaner müssen endlich in ihren Kopf bekommen, daß zwischen Demokratie und Diktatur keine Kooperation möglich ist.«

Die Antizipation des Kalten Krieges ist der düstere Stimmungsrahmen, den Dos Passos mit seinen melancholischen Eindrücken füllt. Nie ist er verzweifelter an eine journalistische Arbeit herangegangen: »Now I've got to start writing an article. I'm awfully sick of this sort of thing...« schreibt er am 30. Oktober 1945 aus Wiesbaden an seine Frau Katy. Und kurz darauf läßt ihn der Anblick friedlicher oberbayerischer Wiesen, auf denen die Bauern ihren Stallmist ausbreiten, den Stoßseufzer zu Papier bringen: »I wish I were doing it too.«

Am liebsten würde er den ganzen Mist trocknen lassen und nach Hause reisen, wie es alle Amerikaner wollen, die ihm auf dieser »Tour of Duty« begegnen. Die Stimmungslage dieser Berichte spiegelt nicht nur den Überdruß der Sieger über die Lasten der bedingungslosen Kapitulation. Seine Depressionen entspringen vor allem einer tiefen Sympathie, einem unmittelbaren Mitleiden mit den einzelnen Menschen und ihren individuellen Schicksalen. Die bewährte literarische Stärke des Schriftstellers kann ein historiographisches Defizit seiner Reportagen allerdings nicht kompensieren.

Sein Blick fällt auf das Elend der Besiegten, aber an seine Ohren dringt nur, was die amerikanischen Begleiter äußern oder für ihn übersetzen. Das Mitleid des Beobachters bleibt infolgedessen gänzlich unbehelligt von den bitteren Gefühlen, die das aufdringliche Selbstmitleid der Deutschen bei anderen Zeitzeugen auslöste, denen sich das Volk der Besiegten mitteilen konnte. Was bei Dos Passos fehlt, ist die Verzweiflung, die bei William S. Shirer und Janet Flanner, bei Erika Mann und Max Frisch über die mangelnde Selbstreflexion, die subjektive »Schuldunfähigkeit« der meisten Nachkriegsdeutschen aufkommen mußte.

Es ist nun allerdings genau dieses direkte, durch keine politische Reflexion gefilterte Hinsehen, das ein genaues, völlig rücksichtsloses Abbild einer Gefühlswelt liefert, deren Nacktheit mit dem Begriff der »Stunde Null« nur annähernd bezeichnet ist. Indem sich Dos Passos auf das besichtigte Elend einläßt, ohne es durch den Hinweis auf die historische Verantwortung der Elenden zu relativieren oder zu rechtfertigen, vergegenwärtigt er dem Leser die moralische Paralyse einer ganzen Generation. Wenn er einen Fremdenführer schildert, der die Sehenswürdigkeiten Frankfurts so erläutert, als seien die im Krieg pulverisierten Baudenkmäler noch vorhanden, wird anschaulich, was Hannah Arendt ein paar Jahre später als Ausdruck einer spezifischen Gefühlsunfähigkeit, als »absichtliche Weigerung zu trauern« diagnostizierte.

Brutalität ist ansteckender als Typhus. Der Befund aus dem Munde eines Gesprächspartners gilt auch für die Sieger. Deren Kampf mag noch so gerecht gewesen sein, sie neigen dazu, das eigene Unrecht zu relativieren oder zu übersehen. Unter den Berichterstattern über das besetzte Deutschland steht Dos Passos mit dieser Beobachtung fast allein. Nur sein britischer Kollege Stephen Spender – auch ein »enttäuschter Linker« – hat als »European Witness« die glatte moralische Gleichung der Nachkriegszeit in ähnlicher Weise in Frage gestellt: »Das Verbrechen meines Nachbarn macht ihn vielleicht schlechter als mich, aber es macht mich nicht besser als ihn.«

Es sind solche Reflexionen, die Dos Passos in einem Brief an seine Frau Katy zweifeln ließen, ob die LIFE-Redaktion seine Reportagen überhaupt drucken würde, zumal er mit seiner Schilderung der zerbombten Städte nicht nur Mitleid evozierte, sondern auch die Frage nach der Verhältnismäßigkeit des alliierten Luftkrieges stellte. Dos Passos drückte seine Zweifel noch deutlicher aus, als er die Erlebnisse von 1945 in seinen 1958 publizierten Roman »The Great Days« eingebaut hat. In dieser Fassung – die weit weniger eindringlich ist als die ursprüngliche Reportage – hebt er hervor, das historische Nürnberger Stadtzentrum sei »dem Erdboden gleichgemacht«, die Industrie in den Vororten dagegen »merkwürdig unzerstört« geblieben.

Ein weiterer Aspekt, der einem amerikanischen Redakteur am Dos Passos-Bild des besetzten Deutschland nicht gefallen haben dürfte, waren die Hinweise auf den relativen Luxus, in dem die Sieger lebten, wie auch auf die Arroganz der Macht, die Dos Passos allenthalben beobachtet. Den Nürnberger Prozeß nimmt er davon ausdrücklich aus. Sein Blick für das Elend der Besiegten läßt ihn nicht einen Moment den Gedanken erwägen, die Nazigrößen könnten einer anmaßenden »Siegerjustiz« unterworfen sein.

Auch die Reportage aus Nürnberg handelt nicht nur von den Angeklagten, sondern auch von den Hungrigen und Ausgebombten in den Straßen und vom Kontrast zwischen den Wollstrümpfen deutscher Putzfrauen und den Stöckelschuhen alliierter Sekretärinnen im Gerichtsgebäude. Man kann diese Texte auch als ein Anschreiben gegen jenes informelle »Mitleidsverbot« lesen, das die Besiegten von den Siegern isolierte, zumal seit sich das Ausmaß der deutschen Verbrechen für die übrige Welt in fürchterlicher Anschaulichkeit offenbart hatte. Ein Artikel im *Reader's Digest* warnte noch im März 1946 vor den Gefahren des Mitleids mit den Deutschen. Die würden damit nur bestätigt sehen, daß ihnen Unrecht geschehen sei, was wiederum dazu führen werde, daß sich ein »besiegtes, erniedrigtes, rachelüsternes Deutschland aus der Asche erhebt und einen dritten Versuch unternimmt, die Welt zu beherrschen.«

Solche Befürchtungen sollten sich als abwegig erweisen, wie wir heute wissen. Sie waren aber real vorhanden, vor allem bei den europäischen Emigranten, die den Kern der amerikanischen Besatzungsverwaltung bildeten und ihre verständlichen Ängste auf die tabula rasa-Landschaft des besiegten Deutschland projezierten.

John Dos Passos beschäftigte das Phantom eines Wiederaufstiegs der geschlagenen Nationalsozialisten nicht. Er gab seinen Deutschland-Nachkriegsreportagen den Titel »Im Jahr unserer Niederlage«. Was er damit meinte, hat er, aus Nürnberg zurückgekehrt, am vorletzten Tag des Jahres 1945 in einem Brief an seinen Freund Upton Sinclair ausgedrückt: »Nie in meinem Leben habe ich mich trauriger und weiser gefühlt als nach dieser Europareise. Vielleicht haben die Russen recht und der Mensch ist böse und läßt sich nur mit Terror regieren - aber ich weigere mich, immer noch zu glauben, daß all das ..., wofür der Westen steht, in Schutt und Asche enden muß.«

Niels Kadritzke, Berlin, September 1997

50 Jahre Bundesrepublik Deutschland

Klaus Harpprecht
«... und nun ists die!» *Von deutscher Republik*
(rororo sachbuch 60762)
Klaus Harpprecht zieht eine kritische Bilanz: Was wurde erreicht in den vergangenen fünfzig Jahren?

Barbara Hoffmeister / Uwe Naumann (Hg.)
Was die Republik bewegte
Fünfzig Zeitgenossen erinnern sich
(rororo sachbuch 60746)
Zum 50. Geburtstag der Bundesrepublik Deutschland haben 50 prominente Zeitgenossen sich jeweils ein Foto aus der jüngsten Geschichte ausgewählt und es kommentiert. Auf diese Weise ist eine subjektive Chronik der Republik entstanden – mit oft überraschenden Impressionen und Erinnerungen.

Deutsches historisches Museum u. a. (Hg.)
Einigkeit und Recht und Freiheit
Wege der Deutschen 1949 – 1999
(rororo sachbuch 60815)
Dieses Buch ist ein Begleitband zu der Ausstellung anläßlich des 50. Geburtstages der Bundesrepublik Deutschland, die von Mai bis Oktober 1999 im Berliner Martin-Gropius-Bau stattfindet und zugleich ein kompakter Führer durch die Geschichte der Republik.

John Dos Passos
Das Land des Fragebogens
1945: Reportagen aus dem besiegten Deutschland
(rororo sachbuch 60600)

rororo sachbuch

Hartwig Bögeholz
Wendepunkte – die Chronik der Republik *Der Weg der Deutschen in Ost und West*
(rororo sachbuch 60761)
Diese Chronik versammelt, was man über Politik, Gesellschaft und Kultur von 1945 bis 1999 wissen sollte – als nützliches Nachschlagewerk ebenso wie als Einladung zum Schmökern.

Wolfram Bickerich
Die D-Mark *Eine Biographie*
(rororo sachbuch 60770)
Wolfram Bickerich erzählt die wechselvolle Geschichte einer Gelddynastie, deren letzter und erfolgreichster Sproß die D-Mark war: Symbol des Wirtschaftswunders, Inbegriff von Stabilität. Ein Erinnerungsbuch für alle, die von der D-Mark geprägt wurden.

Ein Gesamtverzeichnis aller lieferbaren Titel der *Rowohlt Verlage* finden Sie in der *Rowohlt Revue*. Vierteljährlich neu. Kostenlos in Ihrer Buchhandlung.
Rowohlt im Internet:
www.rowohlt.de

3698/2

Zeitgeschehen

Dieter Balkhausen (Hg.)
D-Mark kontra Eurogeld *Das Abenteuer Währungsunion*
(rororo aktuell 13764)

Jörg Fischer
Ganz rechts *Mein Leben in der DVU*
(rororo aktuell 22597)

Wilhelm Hankel / Wilhelm Nölling / Karl Albrecht Schachtschneider / Joachim Starbatty
Die Euro-Klage *Warum die Währungsunion scheitern muß*
(rororo aktuell 22395)

Rudolf Hickel
Standort-Wahn und Euro-Angst *Die sieben Irrtümer der deutschen Wirtschaftspolitik*
(rororo aktuell 22237)

Mario Krebs
Ulrike Meinhof *Ein Leben im Widerspruch*
(rororo aktuell 15642)

Johann-Günther König
Global Player Telekom *Der Kampf um die Marktmacht: Wer verliert, wer profitiert*
(rororo aktuell 22259)
Der Band schildert das Innenleben der Telekom, ihre Strukturen, ihre Pläne und ihr Angebot, die Globalisierung der Telekommunikation insgesamt, ihre Folgen für Arbeitsmarkt und Freizeitverhalten.

rororo aktuell

Johann-Günther König
Alle Macht den Konzernen *Das neue Europa im Griff der Lobbyisten*
(rororo aktuell 22486)
Johann-Günther König auf den Spuren der heimlichen Herrscher Europas, deren Markt- und Gestaltungsmacht im Zeichen des Euro noch zunehmen wird.

Beat Leuthardt
Leben online *Von der Chipkarte bis zum Europol-Netz: Der Mensch unter ständigem Verdacht*
(rororo aktuell 13765)
Über Konsequenzen und Risiken der Konzentration von Fahndungs- und Überwachungssystemen und der gleichzeitigen Ausweitung dezentraler Netzwerke durch Chipkarten.

Die Reihe *rororo aktuell* wird herausgegeben von Frank Strickstrock. Ein Gesamtverzeichnis aller lieferbaren Titel finden Sie in der *Rowohlt Revue*. Vierteljährlich neu. Kostenlos in Ihrer Buchhandlung.
Rowohlt im Internet: www.rowohlt.de